U0623030

中华精神家园
中部之魂

瑰丽楚地

荆楚文化特色与形态

肖东发 主编　方士华 编著

中国出版集团
现代出版社

图书在版编目（CIP）数据

瑰丽楚地：荆楚文化特色与形态 / 方士华编著. —
北京：现代出版社，2014.5（2019.1重印）
ISBN 978-7-5143-2430-3

Ⅰ. ①瑰… Ⅱ. ①方… Ⅲ. ①地方文化－研究－湖北
省 Ⅳ. ①G127.63

中国版本图书馆CIP数据核字(2014)第085377号

瑰丽楚地：荆楚文化特色与形态

主　　编：肖东发
作　　者：方士华
责任编辑：王敬一
出版发行：现代出版社
通信地址：北京市定安门外安华里504号
邮政编码：100011
电　　话：010-64267325 64245264（传真）
网　　址：www.1980xd.com
电子邮箱：xiandai@cnpitc.com.cn
印　　刷：三河市华晨印务有限公司
开　　本：710mm×1000mm　1/16
印　　张：10
版　　次：2015年4月第1版　　2021年3月第4次印刷
书　　号：ISBN 978-7-5143-2430-3
定　　价：29.80元

版权所有，翻印必究；未经许可，不得转载

党的十八大报告指出："文化是民族的血脉，是人民的精神家园。全面建成小康社会，实现中华民族伟大复兴，必须推动社会主义文化大发展大繁荣，兴起社会主义文化建设新高潮，提高国家文化软实力，发挥文化引领风尚、教育人民、服务社会、推动发展的作用。"

我国经过改革开放的历程，推进了民族振兴、国家富强、人民幸福的中国梦，推进了伟大复兴的历史进程。文化是立国之根，实现中国梦也是我国文化实现伟大复兴的过程，并最终体现为文化的发展繁荣。习近平指出，博大精深的中国优秀传统文化是我们在世界文化激荡中站稳脚跟的根基。中华文化源远流长，积淀着中华民族最深层的精神追求，代表着中华民族独特的精神标识，为中华民族生生不息、发展壮大提供了丰厚滋养。我们要认识中华文化的独特创造、价值理念、鲜明特色，增强文化自信和价值自信。

如今，我们正处在改革开放攻坚和经济发展的转型时期，面对世界各国形形色色的文化现象，面对各种眼花缭乱的现代传媒，我们要坚持文化自信，古为今用、洋为中用、推陈出新，有鉴别地加以对待，有扬弃地予以继承，传承和升华中华优秀传统文化，发展中国特色社会主义文化，增强国家文化软实力。

浩浩历史长河，熊熊文明薪火，中华文化源远流长，滚滚黄河、滔滔长江，是最直接的源头，这两大文化浪涛经过千百年冲刷洗礼和不断交流、融合以及沉淀，最终形成了求同存异、兼收并蓄的辉煌灿烂的中华文明，也是世界上唯一绵延不绝而从没中断的古老文化，并始终充满了生机与活力。

中华文化曾是东方文化摇篮，也是推动世界文明不断前行的动力之一。早在500年前，中华文化的四大发明催生了欧洲文艺复兴运动和地理大发现。中国四大发明先后传到西方，对于促进西方工业社会的形成和发展，曾起到了重要作用。

　　中华文化的力量，已经深深熔铸到我们的生命力、创造力和凝聚力中，是我们民族的基因。中华民族的精神，也已深深植根于绵延数千年的优秀文化传统之中，是我们的精神家园。

　　总之，中华文化博大精深，是中国各族人民五千年来创造、传承下来的物质文明和精神文明的总和，其内容包罗万象，浩若星汉，具有很强的文化纵深，蕴含丰富宝藏。我们要实现中华文化伟大复兴，首先要站在传统文化前沿，薪火相传，一脉相承，弘扬和发展五千年来优秀的、光明的、先进的、科学的、文明的和自豪的文化现象，融合古今中外一切文化精华，构建具有中国特色的现代民族文化，向世界和未来展示中华民族的文化力量、文化价值、文化形态与文化风采。

　　为此，在有关专家指导下，我们收集整理了大量古今资料和最新研究成果，特别编撰了本套大型书系。主要包括独具特色的语言文字、浩如烟海的文化典籍、名扬世界的科技工艺、异彩纷呈的文学艺术、充满智慧的中国哲学、完备而深刻的伦理道德、古风古韵的建筑遗存、深具内涵的自然名胜、悠久传承的历史文明，还有各具特色又相互交融的地域文化和民族文化等，充分显示了中华民族的厚重文化底蕴和强大民族凝聚力，具有极强的系统性、广博性和规模性。

　　本套书系的特点是全景展现，纵横捭阖，内容采取讲故事的方式进行叙述，语言通俗，明白晓畅，图文并茂，形象直观，古风古韵，格调高雅，具有很强的可读性、欣赏性、知识性和延伸性，能够让广大读者全面接触和感受中国文化的丰富内涵，增强中华儿女民族自尊心和文化自豪感，并能很好继承和弘扬中国文化，创造未来中国特色的先进民族文化。

　　　　　　　　　　　　　　　　　　　　　　　　肖东发

　　　　　　　　　　　　　　　　　　　　　　2014年4月18日

文明开化——古老历史

钟灵毓秀——惟楚有才

历史底蕴——文化风采

魅力展现——荆风楚韵

古老历史

楚地在历史上大体以湖北全境和湖南北部为中心，向周边扩展到一定范围，是荆楚文化的发祥地。当北方有炎、黄部落创造中原文明的时候，南方江汉流域也兴起了九黎部落，楚人借天时、地利融汇了中原文化和南方土著文化，开创了独具异采的楚文化。

湖北历史悠久，建始人、郧县人、长阳人的发现，说明早在旧石器时代这里就有人类活动。还有新石器时代的大溪文化、屈家岭文化和石家河文化等早期楚文化。

盘龙城遗址的发现，其灿烂的青铜文化和较发达的农业、手工业、商业以及完备城邑等，充分说明商代这里的城邑就十分兴盛和繁荣。

湖北发现的最早人类

　　湖北建始位于鄂西南山区北部，在高坪镇的麻扎坪东西有两个山洞，是我国发现最早的古人类遗址之一。洞内成管道状，蜿蜒曲折，地表起伏不大，有大小深浅不一的十个支洞，是石灰岩山洞，即巨猿洞，当地称之为"龙骨洞"。

湖北地区的原始先民

这个遗址距今有195万年至215万年，在这里发现了早期直立人牙齿化石和石器、骨器若干，因为是在湖北建始发现，因此被称为"建始人"。

洞内同时发现包括步氏巨猿在内的80多个种属的哺乳动物化石，是我国首次发现的巨猿与直立人共生的化石点。

建始直立人是人类的早期代表，早于蓝田人和郧县人，是人类从猿到人过渡的中间阶段。这个遗址是我国南方发现的最早的古人类遗址，其发现为在长江三峡地区寻找远古人类起源提供了宝贵信息。

■ 原始先民制作石质工具

人类进化模式为：猿人、能人、直立人、智人、现代人。根据发现古人类推断：200万年之前湖北建始长期生活着一些直立人，他们在这里繁衍进化。

郧县地处位于湖北十堰北部，全县地形由南边境向中部汉江沿线倾斜，形成峡谷与盆地相兼地貌，汉江由西向东贯穿全境，将全县分割为南北两大部分。

全县大部为山地，一般海拔高度为500米，气候温和，物产丰富，人类的祖先在这块风景优美的土地上生息、繁衍。

郧县青曲镇弥陀村发现了一颗基本完整的南猿头骨化石，其头骨各部位形状、位置、大小符合古猿类特征。属于南方古猿类，距今已有200万年的历史。

蓝田人 学名为"直立人蓝田亚种"，是我国的直立人化石，旧石器时代早期人类，属早期直立人，生活的时代是更新世中期、旧石器时代早期。因发现于陕西省蓝田公王岭，被命名为"蓝田人"。蓝田人的生活年代距今约115万年前至70万年前。

■砍砸器

接着在郧县发现一颗人类头骨化石。这一颗更为完整，根据头骨特征，确定属于直立人类型，距今八九十万年。

在其文化层出土石核、石片、砍砸器、刮削器等石器，以及大量打击碎片和带有打击痕的砾石，并出土似手斧的两面器。与人类化石伴生有丰富的哺乳动物化石，而且头骨、下颌骨完整者数量之大是其他遗址不多见的。

两件完好头骨化石的发现，被认为是"南方古猿"化石。从其形态上看既有直立人的原始性，又有智人的进化特征。被认定为直立人，称为"郧县人"，时代为中更新世早期，在80万年至100万年。

郧西县地处鄂陕交界，鄂西北边塞顶点，南临汉江，北依秦岭，西南接川陕边境的大巴山脉，因地处郧县西而得名。地势西北高，东南低，史称"依山带江"。素称"秦之咽喉，楚之门户"。

在郧西县神雾岭白龙洞也发现了猿人牙齿化石三颗，还有狸、犀、獾、鹿、牛、剑齿虎等20多种动物的牙齿、头角、骨骼、化石及打制器、尖削器、砍砸器等。年代大约与北京猿人时代相同，距今50万年，被称为"郧西猿人"。这些充分说明湖北很早就有人类活动。

长阳地处鄂西南山区，这里山岭纵横，植被丰富，洞穴较多，这就为远古人类居住和生存提供了较优越的条件。在这些溶洞中，蕴藏着较为丰富的古脊椎动物化石，而且早在清代就被发现。据清代同治年间的《长阳县志》记载：

老鸦岭在邑西南八十里有土坑，形圆如锅，围数亩余，其底有小眼，如井口，深不可测，一日突陷成巨穴，沿围数丈，裂处有折缝，掘得此物。

　　骨脑如巨兽，身盘穴口二周，其刺骨如猪肋而锐，有四齿，粗如巨指，长三寸，板牙四枚，径半寸，长二寸，入城市之众莫识……视神物委蛇之余。深山古洞中，多有此物，舔之粘舌者龙蜕也。

当地人将这些古脊椎动物化石统称为"龙骨"。

长阳人化石发现于湖北长阳土家族自治县大堰乡钟家湾村西北，洞口面向东南，洞内堆积除下部有大小不同的石灰岩碎块和底部靠洞壁的地方有局部的含碎石块和化石坚硬部分是角砾岩外，大部分堆积为深黄色松软的沙质泥土，在角砾岩和深黄色松软砂质泥土中均含有大量化石。

在原生地层和过去已挖过的松土中，又发现了10多万年前古人类牙齿化石。与其共存的还有象、猪、竹鼠、古豺、大熊猫、鬣狗、东方剑齿象、巨貘、虎、鹿、牛、中国犀牛等大批南方常见的古脊椎动物化石，其中以犀牛、象、鹿三种化石为最多。

发现的长阳人化石，包括一件不完整的、保留有第一前臼齿和第一臼齿的上颌骨，以及一颗单独的左下第二前臼齿。牙齿相当大，咬合面纹理复杂。齿冠较低，齿根很长，下

■剑齿象化石

第二前臼齿的齿根有两个分枝。

从总体看，长阳人所具有的进步性质比原始性质要多，明显地比北京直立人进步。长阳人不仅具有现代人的特征，而且也有一定程度的原始特征。距今年代不少于19万年，迟于马坝人，早于丁村人。

长阳人生活在大山区，洞穴极多。这种环境为长阳人提供了生存条件。在与长阳人伴出的动物化石中，有以嫩竹为食的竹鼠、大熊猫，说明当时这里有大片竹林。

而东方剑齿象、中国犀牛和鹿类的存在，则说明附近还有开阔的林边灌丛和草原。以上动物都是喜暖的，所以当时这里的气候是温和而湿润的。

后来又在长阳鲢鱼山旧石器时代中期洞穴遗址中，发现了几处面积较大的古人类用火遗迹，距今有9至12万年。

同时还出土了牛、鹿、羊、犀牛、虎、豹、熊、松鼠、社鼠、豪猪、野猪、猕猴、熊猫和东方剑齿象等20余种古脊椎动物化石。

"长阳人"的发现，说明长江流域一样，也是我国古文化的发祥地，是中华民族的摇篮。

阅读链接

1956年，长阳县钟家湾的农民为集体找副业门路，在一个洞内挖"龙骨"出售。

时任县第一中学生物老师得知消息后，便带着学生到钟家湾采集化石标本，从供销社收购的数万斤"龙骨"中挑选了一箱化石，其中一块人的上颌骨化石，并附有两枚牙齿。其他化石运销到省城武汉后，被省文化主管部门发现。

省博物馆速派人到长阳调查，又挑选了3箱化石，将这批化石标本连同上颌骨化石一并送往中国科学院古脊椎动物研究所，经鉴定确为古人类化石，而且其中有一件人类的上颌骨是在长江以南与其相同的动物群中从来没有发现过的。

母系氏族时代的大溪文化

　　大溪文化因最早发现于四川巫山大溪而得名，距今约6400年至5300年。但实际上这种文化东起鄂中南、西至川东、南抵洞庭湖北岸、北至汉水中游沿岸，其中心地域在湖北的西南部。

　　在湖北省发现的重要遗址已有20多处，著名的有宜都红花套，枝江关庙山，宜昌中堡岛、清水滩，松滋桂花树，江陵毛家山等遗址。

■大溪文化彩陶篮

　　大溪文化初步可分为两个地区类型：

　　长江沿岸的鄂西川东地区，如大溪、红花

瑰丽楚地

荆楚文化特色与形态

■ 大溪口古代陶器

关庙山遗址 位于湖北省枝江市问安镇关庙山村,是一处新石器时代遗址,距今6000年至4000年,是长江流域同年代文化遗址中面积最大、保存最好、内涵最丰富、最典型和最具代表性的遗址。遗址现存面积约40000平方米。遗址中丰富的大溪文化遗存,基本上包括了该文化的各主要阶段。

套、关庙山等地的遗存,可称为"大溪类型"。

长期多夹炭陶,夹砂陶比例始终很小,白陶也很少。圈足盘、陶簋多见,典型器有彩陶筒形瓶。圈足上盛行各种成组的戳印纹。彩陶纹饰有横人字形纹、曲线网格纹,有的器形和彩纹,明显受仰韶文化庙底沟类型的影响。

洞庭湖北岸、西北岸地区,如三元宫、丁家岗、汤家岗等地的遗存,可称为"三元宫类型"。

夹砂陶比例大,红褐胎黑皮陶和白陶占一定数量。有特征鲜明的盘口圈足罐和筒形圜底罐。圈足盘少,彩陶筒形瓶仅有个别发现。以通体装饰的印纹、刻划纹为特色,漩涡纹、变体卷云纹彩陶也具特点。

大溪文化先民主要从事稻作农业生产,在许多遗址的红烧土块中夹有稻壳和水稻的茎叶碎末。一些遗址还有较多稻壳和稻草灰烬出土。红花套、关庙山两处属于大溪文化中期阶段的稻谷是粳稻。

这个古老文化的各氏族常用的夹炭陶器，是以炭化稻壳粉末作为合料的，足以说明种植稻类作物已十分广泛。在三峡谷地，缺乏适于农耕的沃土，采集和渔猎经济所占的比重很大。

如清水滩等遗址的堆积中包含大量鱼骨和兽骨，反映出新石器时代居民的生产和生活受到自然地理条件的制约。

在大溪文化遗址中，一直没有发现成批的或数量较多的收割农作物的工具，为数甚少的石刀、蚌镰显然主要不是为了收割水稻使用的工具，而是用于采集活动。

这表明，大溪氏族部落收割稻谷不是像黄河流域那样用刀掐割粟、黍穗头，也不是连杆割取，而是在田间带茎薅拔，再捆扎成把晾晒。

这种收获方法在长江流域和华南地区比较普遍，长江下游的河姆渡氏族部落、马家浜氏族部落大都如此。

稻谷的去壳加工，主要用杵和臼。在红花套遗址发现了两处保存较好的地臼，是一种锅底状的圆坑，周壁坚硬光滑，附近还有木杵的遗痕，是一种

夹炭陶器 古代陶器的一种。陶胎中布满大量炭的晶粒，颜色墨黑，炭和泥是陶质的主要组成部分。碳素是植物碎末和稻谷谷壳等，先烧成炭后再掺入泥土。有意加进碳素，是为了泥土在成型过程中减少收缩，其作用与掺砂的作用一样。由于碳素的作用，再加陶胎在焙烧中未能充分氧化，陶质呈黑色，内胎更黑。

■ 古代使用的石臼

河姆渡遗址 位于浙江省余姚市河姆渡镇，距今6000年至7000年，是我国已发现的最早的新石器时代地层之一。保存了大量的植物遗存，动物遗骸，木构建筑遗迹和构件，以及数以千计的陶器、骨器、石器、木器等。

长一米多，中部较粗，两端呈圆头的稻米加工工具。

这一发现，证实了《周易·系辞下》关于上古时代"断木为杵，掘地为臼"的记载。此外，在许多遗址中还出土了舂米用的陶臼，还出现了一些直接利用形体合适的河卵石做成的石杵。

在红花套、关庙山发现的房屋基址，普遍经过烧烤，已成红烧土建筑。分半地穴式和地面建筑两类，前者常呈圆形，后者多属方形、长方形。

地面起建的房子，往往先挖墙基槽，再用黏土掺和烧土碎块填实，墙内夹柱之间编扎竹片或小型树干，里外抹泥。

室内分布柱洞，挖有灶坑或用土埂围筑起方形火塘。居住硬面的下部，常用大量红烧土块铺筑起厚实的垫层，既坚固又防潮。有的房顶系铺排竹片和植物秆茎，再涂抹掺有少量稻壳、稻草末的黏土。

有的房子还有撑檐柱洞或专门的檐廊，或在墙外铺垫一段红烧土渣地面，形成原始的散水。可见为适应南方的气候条件，建造住房已采用了多种有利于防潮、避雨、避热的技术措施。

大溪文化的手工业生产主要是制陶业和石器制造业。长江中游氏族部落当时的制陶业有其自身的创造。划城岗遗址发现了一座保存较好的窑址，先在地下挖坑，结构分为斜坡状火道、火膛、窑室、出烟口几部分。

窑的底和壁都用大块红烧土铺垫或垒砌而成。待烧制的陶器就摆放在平台上。这种陶窑使用的材料和构筑形式，在我国新石器时代尚属少见。

大溪文化的陶器以红陶为主，普遍涂红衣，有些因扣烧而外表为红色，器内为灰黑色。盛行圆形、长方形、新月形等戳印纹，一般成组印在圈足部位。有少量彩陶，多为红陶黑彩，常见的是绳索纹、横人字

制陶业 原始制陶工具包括木杵、木臼、木拍、木刮及竹刀、蚌壳、钻孔竹棍、竹垫等。其后，轮轴机械则是我国古代制陶主要工具。轮轴机械制陶包括慢轮制陶和快轮制陶两种。快轮装置是新石器时代和铜石并用时代最先进的生产工具。

■ 大溪文化彩陶碗

形纹、条带纹和漩涡纹。

主要器形有釜、斜沿罐、小口直领罐、壶、盆、钵、豆、簋、圈足盘、圈足碗、筒形瓶、曲腹杯、器座、器盖等。石器中两侧磨刃对称的圭形石凿颇具特色。

有很少的穿孔石铲和斜双肩石锛。偶见长达三四十厘米的巨型石斧。同时，有相当数量的石锄和椭圆形石片切割器等打制石器。另有大量的实心陶球和空心裹放泥粒的陶响球。

在大溪文化圈共发现 300 余座大溪文化的墓葬。其中大溪墓地的最多，人骨保存较好。该墓地死者头向普遍朝南，除个别为成年女性和儿童的合葬墓外，绝大多数实行单人葬。

葬式一类为直肢葬,数量占半数以上,以仰身直肢为主；另一类为屈肢葬，其中多数是仰身屈肢，以双脚压在髋骨下的仰身跪屈葬和下肢向上踡曲的仰身蹲屈葬最为特殊。下肢弯曲程度很大的屈肢葬，当是将死者捆绑后埋葬的。

绝大多数墓有随葬品，最多的30余件。女性墓一般较男性墓富。

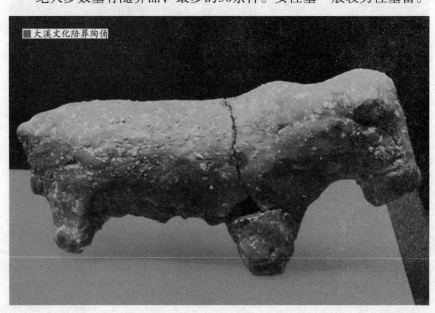

■大溪文化陪葬陶俑

■陪葬品

有的石镯、象牙镯等饰物，出土时还佩戴在死者臂骨上。在几座墓里发现整条鱼骨和龟甲，有的把鱼摆放在死者身上，或是置于口边，也有的是两条大鱼分别垫压在两臂之下。

以鱼随葬的现象，在我国新石器文化中尚属少见。另外还有以狗作为牺牲的。大溪墓地儿童与成人的葬制基本相同，但在红花套和关庙山则是瓮棺葬。

大溪文化处于母系氏族社会繁荣时期，当时的人过着定居的以农业经济为主的生活；使用石制生产工具，并且打制石器仍占有相当分量；制陶业是当时主要的手工业。大溪文化向前发展，为江汉地区的屈家岭文化所继承。

阅读链接　　大溪文化的发现，揭示了长江中游的一种以红陶为主并含彩陶的地区性文化遗存。在优越的自然条件下，长江中游地区当时的农业生产和手工业生产都较发达。

父系社会的屈家岭文化

　　屈家岭文化因首先发现于湖北京山县屈家岭遗址而得名，距今5300年至4700年，其文化面貌不同于仰韶文化，也与洞庭湖以南的几何印纹陶差别较大，所以将其单独命名。

　　屈家岭文化分布范围较广，以湖北江汉平原为中心，西越宜昌但未进入四川境内，北达河南西南部，东未超出湖北境内，南达洞庭湖一带。

■屈家岭遗址出土的陶器

根据其分布范围可以将其分为4个区：江汉平原区、鄂西区、湘北区和鄂东区。屈家岭文化遗址有京山屈家岭遗址、荆州阴湘城遗址、石首走马岭遗址、钟祥六合遗址、天门邓家湾、谭家岭和肖家屋脊遗址等。

■ 古代石锄

新石器时代晚期，江汉地区的经济发展比较快，大体上与黄河流域齐头并进。不过，由于有更为广泛的植被和水域，采集和渔猎经济比黄河流域更为普遍与持久。

屈家岭文化各遗址发现的农业生产工具，主要是扁平穿孔石铲和石镰，地处鄂西北山区的郧县一带，较多使用打制的凹腰或双肩石锄。

有些地点也曾发现很少的磨制长方形穿孔石刀。收割工具极少，可能是因为水稻的收获方法与中原地区刈割粟穗的方法不同，只采取薅拔的方式的反映。

许多遗址的房屋红烧土中都发现了稻壳的印痕。其中屈家岭、放鹰台的稻壳经鉴定，为人工栽培的粳稻，与现代长江流域普遍栽培的稻种相近。

家畜饲养业在农业生产的基础上也有相应的发展。不少遗址发现了猪、狗等家畜的骨骸，另外，还出土了一些形似鸡、羊之类的陶塑制品，很可能是氏族家庭饲养的禽、畜造型。

阴湘城遗址 位于湖北省荆州市马山镇北，为新石器时代古城址。这里出土的漆木钺柄，是目前我国新石器时代唯一保存完好、而且色泽艳丽如新的漆木器，使长江中游漆工艺时代提前了2000多年。

走马岭遗址 位于湖北省石首市焦山河镇走马岭村与滑家当镇屯子山村的交界处，为新石器时代遗址。这里的土城垣包含物多为屈家岭文化早期陶器残片，而且被屈家岭文化晚期灰坑和墓葬所叠压，由此推断该城始筑于屈家岭文化早期。

屈家岭古代陶缸

屈家岭文化的制陶业在手工业生产中占有最重要的地位。陶器主要是泥质黑陶和泥质灰陶两个系统，与以前的大溪文化以红陶为主幡然有别，而与黄河流域的龙山文化则有相似之处，充满了时代气息。

不过，这一地区陶器的特点较多继承了大溪文化的工艺技术，圈足器发达，凹底器较多，并常饰凸弦纹并镂空。

在这里也发现了一些绘陶和彩陶。尤其是在大溪文化薄胎彩陶基础上发展起来的薄胎晕染彩陶，极具地方特色。有为数较多的篦点纹空心陶响球和极少的彩陶球。各遗址发现了数量较多的篦点纹空心陶球和极少的彩陶球，用途尚不明了。

彩陶纺轮是重要的文化特征之一，一般先在两面涂抹橙黄陶衣，再在单面绘以红褐色或红色花纹，彩纹图案主要有同心圆纹、漩涡纹、对顶三角纹、平行的短直线或短弧线纹、卵点纹等。

日常使用的陶器主要是鼎、甑、豆、罐、壶、盂、盆、碗、三足碟、杯、缸等。

石器习见的有斧、锛、凿、镞。石斧平面多呈长梯形或长方形，侧边较齐平。石凿以方柱体的为代表。石镞主要为两面起脊或扁平的带铤柳叶形。还有少量穿孔石斧、穿孔石铲、石镰等。有的地点发现有较多的打制石锄。

屈家岭文化的住房多属方形、长方形的地面建筑。一般筑墙先挖基槽，立柱填土，再以黏土或草拌泥掺夹烧土碎块培筑墙壁。居住面下部铺垫红烧土块或黄沙土，以利防潮，表面敷白灰或涂抹细泥并经烧烤。

在室内中部或偏一角处筑火塘，有的火塘附近还遗留保存火种的陶罐。室内的柱洞大体排列有序，有的洞底以碎陶片垫实，起着柱础的作用。

单间房屋的面积一般10平方米左右。出现了以隔墙分间的较大住房，有的是出入一个大门的里外套间式房子；有的是长方形双间、多间的连间式房子，各间分别开门通向户外，其隔墙上无门或还设门相通，甚至有多达二三十间成排相连的。

青龙泉的一座双间式大房子，南北总长14米，东西宽5.6米，室内面积合计70多平方米。这种隔墙连间式住房，形式新颖，建筑结构有了明显进步。它是在父系家庭生活的背景下产生的。

在六合、屈家岭、关庙山等地，均发现了屈家岭文化的墓葬。成年死者多实行单人仰身直肢葬，也有屈肢葬，无葬具。曾盛行于大溪文化中的下肢甚为踡曲的屈肢葬，在屈家岭遗址也发现一例。

大部分墓有数量不等的随葬品，前期多小型明器，后期有个别墓

■屈家岭陶座

■屈家岭陶豆

随葬猪头骨。划城岗墓地的90多座墓葬分南北两区，土坑竖穴墓与少量的瓮棺葬交错分布。土坑墓的墓向比较一致，大部分为东西向。随葬品一般为四至八件，但少数墓十分丰富。

位于南区墓地西端首排的三座并列土坑墓，随葬器物较多，均有多件朱绘陶器，两座墓内各随葬一件"凤"字形穿孔石钺，其中一件还朱绘卷云纹。三座墓死者生前可能在氏族中居于重要地位。

关庙山遗址有专辟的儿童瓮棺葬墓地，通常用大型圜底陶罐再扣一件鼎或盆、钵作为葬具，竖埋在小土坑内。一般无随葬品。有的葬具底部中心特意凿出一孔，可能是作为儿童灵魂出入的孔道。

屈家岭文化手工业已相当发达，特别是制陶业中的蛋壳彩陶和纺织业中的彩绘纺轮，突出反映了屈家岭文化的特征。

在屈家岭遗址发现了陶祖，反映了对男性的崇拜，这是父系氏族社会的主要特点之一，是按男子的血统来确定世系和继承财产，要做到这一点，原来以母系为主的对偶婚必须改变为夫妻制。

屈家岭文化的房屋建筑结构，也正反映出这一变化趋势。因此在社会经济尤其是农业、手工业等诸方面，屈家岭文化都比大溪文化有较大发展。

阅读链接

我国进入父系社会的时间，大约在4000年前，此时属于新石器晚期。随着社会生产力的提高，社会经济特别迅速发展。

男子逐渐从渔猎活动中转入农牧业生产领域，特别是犁耕，劳动强度大，一般只有男子才能胜任，从而加强了男子在农业生产中的地位。

婚姻由对偶婚向一夫一妻制过渡，父权制随家庭出现而产生，财产按照父系继承，世系随父系计算。父系氏族制形成后，私有制萌芽、产生。

父系社会晚期的石家河文化

石家河文化是在屈家岭文化的基础之上发展起来的，相当于中原龙山文化的晚期阶段至夏代统治的前期之间，曾一度被人们称之为"青龙泉三期文化"。

因湖北天门石家河遗址更具这种文化的代表性，故统称为"石家河文化"，距今约4600年至4000年。该文化出现如石家河遗址群那样的中心聚落，由邓家湾、土城、肖家屋脊等数十处遗址组成。

石家河文化

石家河文化分布地域较广，遍布湖北全境，主要遗址有天门石家河遗址、郧县青龙泉和大寺遗址、房县七里河遗址、当阳季家湖遗址、松滋桂

■ 石家河文化玉雕

青龙泉与大寺遗址 地处汉江中上游的郧县，包含有新石器时代中期偏晚至末期的仰韶、屈家岭、青龙泉和龙山四种文化遗存，相对年代比较清楚，具有明显的地区特点。各个时代古文化遗址和古墓葬的内涵丰富，为研究丹江口库区原始社会、先秦时代的历史文化提供了大量具有较高价值的实物资料。

花树遗址，均县乱石滩遗址和花果园遗址、孝感碧公台遗址与涨水庙遗址、枝江关庙山遗址、江陵蔡家台遗址和张泉山遗址、圻春易家山遗址等。

新石器时代长江中游的稻作农业生产，始终在稳定地发展着，继大溪文化、屈家岭文化之后，石家河文化的各部落继续在长江两岸，从事水稻的栽培和各种手工业生产，并不断吸取黄河流域和长江下游氏族部落的先进经验，使社会生产力得到较快的提高。

在石家河遗址，发现大片红烧土内夹有丰富的稻壳和茎叶，表明当地的农业生产以种植水稻为主，并且产量较高。许多遗址出土的农业生产工具也反映了这种情况。长方形无孔石铲、打制双肩石锄、蚌镰、长方形带孔石刀都是实用的农具。

在农业发展的基础上，家畜饲养业也在稳定地发展。青龙泉遗址发现了猪、狗、羊和鹿的骨骸，各地普遍发现的动物骨骸以猪骨最多，尤其在墓葬中大量出土。

这表明猪头骨的多少往往是作为衡量财富多少的重要标尺，说明当时以家畜为私有财产的现象比较突出。

石家河文化，以出土小型精致的玉件而备受关注。琢玉工艺崛起，特色鲜明，玉器有人面雕像、兽面雕像、玉蝉、玉鸟、玦、璜形器等，都属于小型玉器。

玉人头、玉鹰、玉虎头和玉蝉属于石家河文化玉器中的精华部分。这些玉器体积小、重量轻，纹饰简洁，做工却很精细。它们大多出土于成人瓮棺之中，显示石家河先民具有特殊的原始宗教信仰。

石家河文化中的玉人头基本都具有"头戴冠帽、菱形眼、宽鼻、戴耳环和表情庄重"的特征，但在造型上富于变化。这些玉制的人头形象可能代表着石家河先民尊奉的神或巫师的形象。

石家河文化的动物形玉器多为写实造型：展翅飞翔的玉鹰生动逼真、惟妙惟肖；玉虎头方头卷耳，生气勃勃；玉蝉写实的形象，开创了商周时期玉蝉造型的先河。石家河文化的玉器，代表了江汉平原史前玉雕的最高水平。

邓家湾遗址的个别地段，集中出土了大批小型陶塑，有的一座坑中竟达数千件之多。所塑有鸟、鸡、猪、狗、羊、虎、象、猴、龟、鳖以及抱鱼跪坐的人物等。

而在邓家湾遗址发现了铜块和炼铜原料孔雀石，则标志着冶铜业的出现，从石器到铜器的使用，是生产工具的一次巨大进步。

总之，石家河文化遗存表明，由于生产力的发展，促进了社会的分工，也促进了各氏族部落之间产品交换的逐渐扩大，私有制在氏族公社内部慢慢滋生起来。父系社会正走向解体，奴隶社会开始出现。

阅读链接

在石家河文化中发现了一些刻划符号，以肖家屋脊、邓家湾两个遗址上发现的符号最多。这些符号的年代均为石家河文化早期。

石家河文化的陶器刻划符号以象形符号为主，大多以简练的笔画勾勒出某一事物的外部形态，一件陶器上只有一个符号，而且绝大多数为单体符号，少数几个为合体符号。

商王朝的盘龙城遗址

　　盘龙城遗址位于湖北武汉市以北的黄陂区滠口镇境内，因被盘龙湖环抱而得名。距今已有3500多年历史，是长江流域发现的第一座商代古城，遗址城内东北部为宫殿建筑群，城外四周分布着手工作

■ 盘龙城雕塑

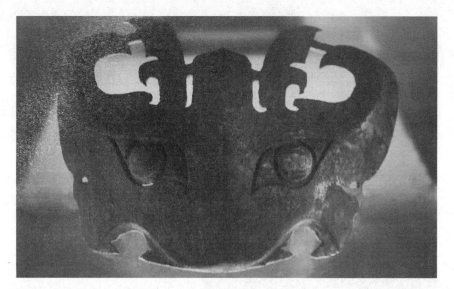

坊、民居点和小型墓地。

盘龙城是商代遗址中保存最完好的一座城址，其灿烂的青铜文化、较发达的农业、手工业、商业以及完备的城邑形态和功能，可见当时社会的繁荣。

■ 盘龙城遗址出土的青铜面具

盘龙城的宫殿区、手工作坊区、生活区、墓葬区分布明显。城址规模不大，其基本布局与商朝王都郑州商城相仿，却是比郑州商城更原始城市历史形态。

盘龙城离后来的武汉城区不远，又地处荒僻的郊区，所以得到较好保存，是我国唯一基本未受到破坏的商代早期城市遗址。

盘龙城的宫殿建筑是一组规模宏大的建筑群。采用的是"前朝后寝"的格局，这是我国最早采用此格局的建筑，"前朝后寝"、廊庑环绕庭院成为此后3000多年来我国宫殿建筑的基本模式。

盘龙城青铜器在器类、纹饰、铸造等诸多方面有特殊的地位。玉器是商朝身份、权利和财富的象征。

青铜文化 青铜是红铜和锡的合金，因为颜色青灰，故名"青铜"。考古学上以使用青铜器为标志的人类文化发展的一个阶段，又称"青铜时代"或"青铜器时代"。我国的青铜文化起源于黄河流域，始于公元前21世纪，止于公元前5世纪，经历约1600年，大体上与夏、商、西周至春秋时期的时间相当。

■ 青铜提梁卣

盘龙城李家嘴墓出土了一件长达94厘米而厚只有0.5厘米的大玉戈，在商代玉器中十分罕见，是我国古代的"玉戈之王"。

我国最早的青铜大圆鼎、精美的雕花钺形器、钩刀等皆为精品。李家嘴墓中的提梁卣，造型、装饰乃至铸造极其精致，是已知的我国最早的用分铸法铸成的实用器。

盘龙城出土的一批先进的青铜农具是我国发现的最早的金属工具之一。在李家嘴墓发现了我国最早的木雕艺术品，雕刻着由饕餮纹和云雷纹组成的花纹，出土时色彩十分鲜艳。

周代最典型的体现身份等级的礼器组合为鼎簋组合，而我国青铜发展史上最早的一件铜簋出自盘龙城李家嘴墓。

盘龙城的制陶业很发达，已收集的陶片标本数以万计，其中的"釉陶"被誉为我国最早的"原始瓷器"，把我国古代烧造陶器的历史提前至公元前1500年。这里出土的一个大陶缸，直径约0.5米，高达一米以上，是迄今商代陶缸中之最大。

饕餮纹 饕餮是一种想象中的神秘怪兽。这种怪兽没有身体，只有一个大头和一个大嘴，十分贪吃，最后被撑死。是贪欲的象征。而饕餮纹是青铜器常见纹饰，也称"兽面纹"。饕餮纹这种纹饰盛行于商代至西周早期。

盘龙城遗址是商代二里岗时期的一个古城，二里岗时期相当于商代的中早期。从盘龙城出土文物的纹饰图案中，发现了殷商时期地处中原的黄河流域文明的明显特征。同时从大量出土的兵器中可以推断出这是一个有着强大军事力量的武装集团。

当时有个商王叫武丁，武丁曾经带兵讨伐过南方的荆人，荆人就是楚人的先祖，帮助武丁讨伐荆人的有三个氏族，一个是曾国，曾侯乙的祖先，另一个是"戈"人，再一个是"举人"。因为"戈人"是管武士的，就是武装的一个部族，所以戈人就带兵到南方来了，在盘龙城这里建成了据点。

这个来自黄河流域的武装部族在远离故土的长江流域建城驻兵，是出于什么样的战略意图呢？跟江南大冶一带的铜矿有关系，因为在当时铜是最重要的物资。

3500年前，我国社会已进入了青铜器时代，在生产、生活和军事领域里，青铜铸造品，占有绝对重要的地位，因此铜矿资源也就成为一个强大王朝的重要战略物资，而盘龙城地近大冶矿区，又有

商汤（？—约前1588年），商朝的创建者，公元前1617年至公元前1588年在位，在位30年，其中17年为夏朝商国诸侯，13年为商朝国王。

■ 盘龙城遗址出土的青铜武器

025

文明开化

古老历史

■商代玉戈

着水运的便利，自然就成为黄河流域商王朝控制南方的资源，并且是向长江流域扩充势力范围最理想的南进据点。

就这样我国南方最早的城市在这里出现了。

公元前16世纪，商汤灭夏桀，建立了以河南为中心的商王朝。随后，又对四方进行了一系列军事扩张，势力延伸至长江以南。

3500多年前的盘龙城，就是商朝人为了巩固在南方的统治而建立的一个重要方国都邑和军事城堡。9世纪，原在鄂西北的楚国向东扩张，开拓江汉大地，后来的武汉地区被纳入楚域，成为楚国重要的军事和经济区。

阅读链接

在商代前期，其统治状况有起有落，其都城位置也移徙无定。在第十九王盘庚之前，国家凡"五盛五衰"，都城凡"六迁"。到了盘庚即位时，才把都城迁到殷。

盘庚迁殷避开了水患和宗室内部斗争的混乱局面，稳定了商代朝廷的统治，为以后的商代中兴奠定了基础。殷商后期由于武丁的前两代商王小辛和小乙统治无方，商王朝的统治一度衰微。

楚国建立与楚文化形成

公元前1057年，周武王灭商，建立周朝，自此至公元前771年周平王定都洛邑，史称西周。在西周的时候，湖北境内诸侯国林立，其中最出名的是楚。

楚的先祖祝融时代，曾称"祝融八姓"，即八个部落的联盟，居

■荆楚文化建筑

■ 周文王（前1152年—前1056年），西周王朝奠基者。其父季历死后，继承西伯之位，故又称"西伯昌"共在位50年。先秦时期贵族有姓有氏，男子称"氏"、女子称"姓"。周文王虽姬姓，却不叫姬昌。"姬昌"一说在东汉时形成，后世遂称文王为姬昌。

住在中原的祝融是其首领。因此，祝融时代，尚不具备"国"的条件。而到商朝武丁伐楚时，说明楚族已形成。

因此，楚的立国大体说是在商代中期或稍后。楚族最早的居住地为荆山，族名为"楚"，故又称"荆楚"。

东汉时期许慎《说文解字》解释"荆：楚木也，从刑声。"解释"楚：丛木也，一名荆也。"从而把荆山、荆楚木、荆楚国统一起来，形成系统完整的概念。至此，荆楚约定俗成，成为一个专称"楚族""楚国"和"荆楚地域"的特有称谓。

在楚立国之初，国土很小，国势很弱，经过商征伐，势力也就更弱，不得不臣服于商王朝，楚国对商王朝既畏惧，又痛恨，时时都在寻找机会予以报复。

至商代末期，楚国出了一个有名领袖鬻熊，鬻熊不只使楚国已有了相当实力，而且他发现周王朝正在兴起，只有周王朝才是可以依赖的并能战胜商王朝的势力，于是鬻熊便亲自去投奔周族首领西伯姬昌，即后来的周文王。

周文王很尊敬他，因他年龄很大，据说有90岁，

荆山　荆山位于湖北西部、武当山东南、汉江西岸。盘亘省境西北部，呈北西至南东走向。北始房县青峰镇大断层，南止荆门至当阳一线；西至远安沮水地堑，东到荆门至南漳一线。面积约3100平方千米。名胜古迹有抱璞岩、白马洞、响水洞等。

又很有智谋，故周文王尊他为老师。《史记·楚世家》记载：

> 鬻熊先生辅佐文王，去世早。熊通说：
> "我的先人鬻熊渊博，是周王的老师。去世早。"

楚人对鬻熊特别尊敬，因此，后来楚的国君，便以熊为氏，称"熊丽""熊狂""熊绎""熊艾"等。

在鬻熊的第四代孙熊绎的时候，周王朝正式给楚以"子男"封号，还分封了方圆25千米的地盘，据说就在丹阳附近。

熊绎的时候楚国贫穷落后，据《左传》记载：

> 昔我先王熊绎，辟在荆山，筚路蓝缕，以处草莽。跋涉山林，以事天子。

《左传》原名为《左氏春秋》，汉代改称《春秋左氏传》，简称《左传》。相传是春秋末年左丘明为解释孔子的《春秋》而作。《左传》实质上是一部独立撰写的史书。通过记述春秋时期的具体史实来说明《春秋》的纲目，是儒家重要经典之一。其在史学中的地位被评论为继《尚书》、《春秋》之后，开《史记》、《汉书》之先河的重要典籍。

■ 楚国神话雕像

瑰丽楚地

荆楚文化特色与形态

■ 楚国青铜鼎

熊绎 祝融氏分
支鬻熊一支的后
裔。周成王时
代，成王举用文
王、武王功臣的
后代，于是熊绎
受封为楚君，赐
"子男"田地。
熊绎开辟荆山，
率部族居楚蛮
之地，"筚路
蓝缕，以启山
林"，以桃弧棘
矢供奉周天子。
正是这种筚路蓝
缕的精神成为楚
国强盛的立国之
本，也成为中华
民族史上艰苦创
业的典范。

筚路指简陋的柴车，蓝缕指破旧的衣裳。说明熊绎的部众在湖北的睢山、荆山之间的穷乡僻壤耕垦，过着古朴的生活，然而灿烂的楚文化的起点，也就在这狭小的天地之中孕育。

"筚路蓝缕"的精神不仅为楚国创造了丰富的物质文明，它所带来的"文治教化"方面的财富也是巨大的。

在文化经验和智力不断积累的过程中，文化心理和素质也在不断提升，而在其中发挥积极作用的始终是人及其精神。

在"筚路蓝缕、以启山林"的开拓精神影响下，君臣一德、上下一心，先人们劳动的艰险和技巧的神奇常常令后人惊叹，它所带来的文化心理和素质的沉淀与积聚，生生不息而又日渐更新，形成了任何力量都摧不垮的民族文化精神。

发展至西周后期，楚国逐渐强大，特别是到了楚庄王时，楚国吞并了周边的许多小国，逐渐控制了长江中游地区，其全盛时的最大辖地大致为现在的湖北、湖南全部、重庆、河南、安徽、江苏、江西、浙江的部分地方。

楚庄王因此成就了"楚地千里，饮马黄河，问鼎中原"的霸业。

全盛时期的楚国，在物质文化方面，包括农业、手工业、商业、货币、城市与交通各个方面。

在农业方面，主要是体现在各种农具的发明和使用、水利工程的兴建与水利事业的发展、耕地面积的扩大和粮食作物、农副产品的发展。楚国是南方的农业大国，铁农具先进与水利事业发达，是楚国农业两大特色。

楚国手工业成就辉煌，主要体现在青铜器、铁器铸造、丝织业、漆器业、竹木器业、建筑业、造船业和料器制造业等各个方面。其中以漆器业、丝织业为最突出，可谓达到当时古代生产力水平的巅峰。

至战国末期，楚国日渐衰落，至秦始皇统一六国，定鼎天下时，楚国作为一个国家已经不复存在了。

但作为楚人所创造的文化，并在荆楚大地得以长期沿袭下来，那种认为楚文化是专指为楚国时期的文化，显然是不科学的。毕竟文化是有传承性的，源流嬗变，涓涓不息。

至楚国灭亡后几百年间，楚国这个称谓断断续续被多个政权与藩王沿袭保存了下来。秦代末期出现了项羽的西楚，五代十国时期的楚国史称

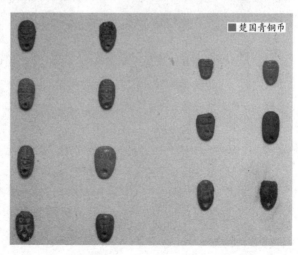
■楚国青铜币

"南楚"或"马楚"。

因此，从发展的动态角度看，荆楚文化不仅包括先秦时期的历史文化，还包括从古至今，乃至未来湖北地区所形成的具有地方特色的文化。

荆楚文化因楚国和楚人而得名，是周代至春秋时期在江汉流域兴起的一种地域文化。它主要是指以当今湖北地区为主体的古代荆楚历史文化。

荆楚文化是中华民族文化的重要组成部分，它源远流长，博大精深，具有鲜明的地域特色和巨大的经济文化开发价值。楚辞被喻为我国浪漫主义文学的源头，对于其后产生的汉赋更有直接的影响。"书楚语、作楚声、纪楚地、名楚物"的楚辞，与其他楚文化精华一起，构筑起瑰丽奇异的楚地文明。

阅读链接

楚国先祖鬻熊是杰出的政治家，他的政治主张，首先是要遵行"道"，在行"道"的前提下，君臣遇合，互相信赖，共同完成大业。

他说："君子不与人谋之则已矣，若与人谋之，则非道无由也。"君子遵道而行，能不能被君主接受，这要看君主是贤明还是昏庸。所以，他又说："故君子之谋，能必用道，而不能必见受；能必忠，而不能必入；能必信，而不能必见信。"

这说明，只有君明臣贤，两者相遇合，"道"才能得到推行应用。贤臣的作用能否发挥，要视君主是否贤明而定。

什么是"道"呢？鬻子说："发政施令，为天下福者谓之道。"为天下人谋福祉的政令，就是"道"。在商末周初的奴隶制社会，提出为天下人谋福祉的政治思想，无疑是进步的。

惟楚有才

湖北是古代楚文化的发祥地，楚国在公元前11世纪立国之时，尚是一个地处偏僻的蕞尔小邦，但是在以后的几百年间，它一跃成长为一个泱泱大国。

在长达800多年的历史中，具有筚路蓝缕、追新逐奇等精神特质的楚人励精图治，发奋图强，创造了光辉灿烂、博大精深的楚文化，在同时期的众多地域文化中，楚文化非常耀眼，为中华民族的古老文化增添了光彩。

在荆楚这片钟灵毓秀的土地上，历代人才辈出，在各个领域都卓有建树，为推动中华民族的文明进程做出了巨大贡献。

孙叔敖一心为民成千古名相

孙叔敖，春秋时楚国江陵人。其父曾任楚国司马。楚庄王时，由前令尹虞丘推荐，任孙叔敖为令尹。

司马迁《史记·循吏列传》列孙叔敖为相第一人，称他：

三为楚相，施教导民，上下和合，世俗盛美，政缓禁止，吏无奸邪，盗贼不起。

孙叔敖（前约630年—前593年），名敖，字孙叔，楚国期思人。公元前601年，出任楚国令尹就是楚相，辅佐楚庄王施教导民，宽刑缓政，发展经济，政绩赫然。孟子在《生于忧患，死于安乐》中写到"孙叔敖举于海"，以贤能闻名于世。主持兴修了芍陂，改善了农业生产条件，增强了国力。

孙叔敖任相期间，编修楚国刑书《仆区》，法制大振。楚庄王曾认为当时楚国车子太小，遂命令全国一律改造高大的车子。

孙叔敖劝谏，若以命令行事，会招致百姓反感，不如把都市街巷两头的门限做高，低小的车过不去，人们就会自觉改造高车了。

当时的楚国通行贝壳形状的铜币，叫作"蚁鼻钱"。楚庄王却嫌它重量太轻，下令将小币铸成大币，老百姓却觉得不方便，特别是商人们更是蒙受了巨大损失纷纷放弃商业经营，这使得市场非常萧条。

更严重的是，市民们都不愿意在城市里居住谋生了，这就影响了社会的安定。

孙叔敖知道后，就去见楚庄王，请求他恢复原来的币制。

楚庄王答应了，结果三天后，市场又恢复到原来繁荣的局面。孙叔敖十分热心水利事业，主张采取各种工程措施：

■孙叔敖画像

> 导川谷，陂障源泉，灌溉沃泽，堤防湖浦以为池沼，钟天地之爱，收九泽之利，以殷润国家，家富人喜。

司马迁（前145年或前135年—前86年），他以"究天人之际，通古今之变，成一家之言"的史识创作了我国第一部纪传体通史《史记》，《史记》被鲁迅誉为"史家之绝唱，无韵之离骚"。

他带领人民大兴水利，修堤筑堰，开沟通渠，发展农业生产和航运事业，为楚国的政治稳定和经济繁荣做出了巨大的贡献。

在公元前605年前后，孙叔敖主持兴建了我国最早的大型引水灌溉工程——期思雩娄灌区。在史河东岸凿开石嘴头，引水向北，称为"清河"；又在史河下游东岸开渠，向东引水，称为"堪河"。利用这两条引水河渠灌溉史河泉河之间的土地。

因清河长15千米，堪河长20千米，灌溉有保障，后世又称"百里不求天灌区"。

经过后世不断续建、扩建，灌区内有渠有陂，引水入渠，由渠入陂，开陂灌田，形成了一个"长藤结瓜"式的灌溉体系。

这一灌区的兴建，大大改善了当地的农业生产条件，提高了粮食产量，满足了楚庄王开拓疆土对军粮的需求。

芍陂古迹

公元前597年左右，孙叔敖又主持兴建了我国最早的蓄水灌溉工程——芍陂。芍陂因水流经过芍亭而得名。

工程在安丰城，即今安徽省寿县，古称寿春附近，位于大别山的北麓余脉，东、南、西三面地势较高，北面地势低洼，向淮河倾斜。

每逢夏秋雨季，山洪暴发，形成涝灾。雨少时又常常出现旱灾。当时这里是楚国北疆的农业区，粮食生产好坏，对当地的军需民用关系极大。

孙叔敖根据当地的地形特点，组织当地人们修建工程，将东面的积石山、东南面龙池山和西面六安龙穴山流下来的溪水汇集于低洼的芍陂之中。

修建五个水门，以石质闸门控制水量，"水涨则开门以疏之，水消则闭门以蓄之"，不仅天旱有水灌田，又避免水多洪涝成灾。后来又在西南开了一道子午渠，上通淠河，扩大芍陂的灌溉水源，使芍陂达到"灌田万顷"的规模。

■ 孙叔敖治水雕像

芍陂建成后，使安丰一带每年都生产出大量的粮食，并很快成为楚国的经济要地。楚国更加强大起来，打败了当时实力雄厚的晋国军队，楚庄王也一跃成为"春秋五霸"之一。

300多年后，公元前241年，楚国被秦国打败，考烈王便把都城迁到这里，并把寿春改名为"郢"。这固然是出于军事上的需要，也是由于水利奠定了这里的重要经济地位。

芍陂经过历代的整治，一直发挥着巨大效益。东晋时因灌区连年丰收，遂改名为"安丰塘"。

郦道元的《水经注》称："陂有五门，吐纳川

考烈王 战国时期楚国国君，楚顷襄王之子。楚考烈王继位后，以春申君黄歇为令尹，赐淮北地12县，迁都寿春。《战国策》说楚考烈王无子，春申君患之。春申君娶赵人李园之妹李嫣。李嫣有身孕后生子，献于考烈王，生子被立为太子，即楚幽王。

流。"东汉、三国、唐肃宗、元忽必烈均在此广为屯田，大获其利。

除上述工程外，孙叔敖还兴建安徽霍邱县的水门塘，治理湖北的沮水和云梦泽，促进了楚国的农业发展。

约公元前594年，孙叔敖患疽病去世。作为一位令尹家里竟穷得徒有四壁，连棺木也未准备。他死后儿子穷得穿粗布破衣靠打柴度日。

后人为纪念他，在安丰塘北堤建有孙公祠，在湖北沙市公园建有孙叔敖衣冠冢，在期思集立碑并建有楚相孙公庙。

孙叔敖是古代为官清正廉洁的典范。孙叔敖在任令尹期间，三上三下，升迁和恢复职位时不沾沾自喜，失去权势时不悔恨不叹息。

孙叔敖作为宰相，权力在一人之下，万人之上，但他轻车简从，吃穿简朴，妻儿不衣帛，连马都不食粟。成为《吕氏春秋》、《荀子·非相》中记载的圣人。

阅读链接

孙叔敖是楚国的国相，治理国家有功劳，楚国的人们都赞誉他。

在他小的时候，曾经出门游玩，看见一条两头蛇，于是就杀了它。回到家后他就哭了。

他的母亲问他哭的原因。

孙叔敖回答说："我听说见了两头蛇的人会死，刚刚我看见了它，我恐怕要离开母亲而死了。"

母亲问："蛇现在在哪里？"

孙叔敖又回答说："我害怕别人又见到这条蛇，已经把它杀了并埋了。"

母亲听后说："你暗中做了好事，神一定会保佑你的，不要担心。"

优孟为民请命劝谏楚庄王

　　春秋时期楚国宫廷有个姓孟的艺人,以优伶为业,故称优孟。他从小善辩,擅长表演,常谈笑讽谏时事。

　　优孟祖父是楚国宫廷中著名的俳优,也是当时誉满荆楚的古琴演奏家。楚文王迁都郢城时,由于年高老迈,便回到故乡阜山南麓渔

楚文化浮雕

村，与渔子樵夫琴歌互酬，安度晚年。

优孟年纪很小时，父亲就已亡故。祖父为实现以琴曲教化万民的宏愿，就潜心传艺于优孟。

优孟苦练琴艺。十年之中，他谛听松竹草木之音，分辨飞禽走兽之语，玩味溪流波涛之声，体察天地造化之道。从师于华山，访友于南海，足迹遍历名山大川，行迹出没穷乡僻壤，历尽了人间沧桑，备尝了民间疾苦。

至弱冠之年，优孟的琴艺不仅胜过祖父，而且超凡脱俗，别具一格，冠盖荆楚，名噪九州。于是三教九流，仕子黎庶，慕名来访者络绎不绝。

优孟在广泛交友中，结识了不少志士仁人，终日里煮酒豪谈，纵论国家兴亡，品评诸侯功过。对于三年不理朝政的楚庄王，大家都十分忧心，推举优孟进京晋见庄王，面奏百姓的忠谏，希望他幡然悔悟，重振朝纲，中兴楚国。

优孟肩负重托，携琴进京。谁知楚庄王早已出京，围猎龙山。他只好折身到龙山寻机晋见楚庄王。

来到山口，只听官差阵阵鸣锣通知："王宫传下封山大令！7天之内，龙山一带禁止采石伐木，打猎砍樵，捕鱼采桑！过往行人一律绕道而行！有违令者，严惩不贷！"

他见条条山道都布置了御林军，就扮成樵夫模样，柴篓中藏着琴弦潜入禁区，在密林中踽踽而行。

突然，前面丛林中群鸟惊飞，几只野兔仓皇逃奔。紧接着传来急骤的马蹄声。优孟隐身于岩石之后，放眼望去，只见为首之人头戴冲天王冠，身穿衮龙战袍，英俊潇洒，含威不露。

但见庄王弓开如满月，箭发似流星。飞奔在深谷中的一只鹿，早已中箭倒地。随后，响起一片欢呼声。

优孟惊叹不已。他心想：就凭这派英姿，庄王并非平庸之辈。何不趁此良机，以琴相邀呢？于是，他端坐弹起手中古琴。

琴声泄出，犹如山泉叩石，珠落玉盘，音调铿锵，音色清奇。

琴声吸引得楚庄王收弓站立，举目四望，却又不见人影，禁不住心中纳闷："这是哪里来的琴音？莫非是天上传来的神曲仙乐？"他一阵惊喜，兴奋地拔出腰间宝剑舞起来。

随着剑法套路，那琴音一时犹如灵猿扑涧，轻捷敏快，一时犹如猛虎下山，气势威壮。随着剑路收紧，琴音便由清奇悠长转向雄浑激越，终至如金石迸裂，千军迸发。整个琴曲和整个剑法契合如一。

楚庄王听罢禁不住心潮澎湃。他定了定神，插剑入鞘，整整王冠，迈开虎步，朝着琴声传出的石岩走去。

一曲舒缓的琴音如袅袅山风飘出。

■春秋时期的古琴

楚庄王循声来到山坳，抬头一看，只见岩石虬松树下，一位面目清秀的少年樵夫，席地端坐，置琴于膝，悠然操琴。

楚庄王不忍打断琴趣，一直等到琴曲终了，才喊道："这一樵夫，为何擅入围猎禁地，你就不怕庄王的封山大令吗？"

优孟弃琴起身，拱手为礼道："小民以为，此令决非庄王所颁！以庄王之贤，岂肯只顾自己游乐开心而置黎民之疾苦于不顾！"

楚庄王听了此言，心头一热，如遇知音。然一转念，故作恼怒道"大胆樵夫！此令正是庄王所颁！难道你竟不怕斧钺之诛吗？"

优孟泰然自若地道："臣当忠君，民当爱国。小民深信大王乃仁德之君，绝非暴戾之主。所以敢负故都丹阳民众之望，冒违令之嫌，潜入禁地，以琴相邀，当众转达民众之意，使大王知民心，晓民意，投袂而起，重振朝纲，中兴社稷。能如此，则小民因违令而饮恨黄泉也无遗憾！"

"你是何人？"楚庄王见这一樵夫举止言谈不凡，琴艺十分惊人，急切问道。

"小民优孟，乃故都丹阳宫中俳优后人。适才见大王寄情于剑，顿见肝胆，故以琴相邀，以期晋见，

社稷 从字面来看是说土谷之神。由于古时的君主为了祈求国事太平，五谷丰登，每年都要到郊外祭祀土地和五谷神。社稷也就成了国家的象征，后来人们就用社稷来代表国家。

亦不负百姓之托，万民之望。"

楚庄王恍然大悟道："哦，想必卿之祖父是先朝首席乐师吧！"

"正是。"优孟接着道："小民听祖父常说古代圣帝，功成之后，首先作乐；乐成下，以祀上帝，以致嘉祥。如今大王养精蓄锐三年，肯定会不鸣则已，一鸣惊人，何不先作乐呢！"

楚庄王笑道："适才琴剑合契，已觅知音，还是你了解我的心思。我即位以来，苦苦寻觅，未得其人。竟想不到龙山围猎遇到胜任之人。卿速随我回京，制乐以振朝纲扬国威。"

这样，优孟便留在楚国王宫内担任首席乐师，伴随在楚庄王左右。由于他满腹经纶，演技也很高，深得楚庄王的赏识。

楚庄王有一匹好马，楚庄王非常喜欢它，经常给马穿上绫罗绸缎并安置在华丽的宫殿里，专门给它准备了一张床作为卧席，拿枣脯喂养它。

马的生活水平过于优越，肥胖得不得了，生病死了。楚庄王命令大臣为死马治丧，准备用棺椁装殓，按大夫的葬礼规格来安葬它。

楚庄王身边的大臣觉得太过分了争着劝谏，不同意这样做。他下令："如果再

棺椁 棺是盛放死者的木制葬具，椁是套在棺外的外棺。木棺出现于我国新石器时代的仰韶文化时期。至周代，棺椁制度化，规定：天子棺椁四重，亲身的棺称椁，其外蒙以兕及水牛皮；第二重称地也，以椴木制成；第三重称属，第四重称大棺。

043

钟灵毓秀

惟楚有才

■《一鸣惊人》典故雕塑

有胆大敢为葬马事情进谏的，立刻处死！"优孟听说了，就走进宫殿大门，仰天大哭，一把鼻涕一把泪的。

楚庄王很吃惊，问他为什么哭得这么厉害。优孟哭着回答说："宝马是大王的心爱之物，理应厚葬。堂堂楚国，地大物博，国富民强，有什么要求办不到？大王却只用大夫的规格安葬它，太薄待它了。我建议用君王的规格来安葬它。"楚庄王忙问你有什么好办法？

优孟回答："用雕木美玉做棺材，用最上等梓木做外椁，拿樟木等贵重木材作装饰，再派几千名士兵挖掘坟墓，老人和孩子背土筑坟，让齐国和赵国使节在前面陪祭，韩国和魏国使节在后面护卫。"

诸侯各国如果听说大王这样厚待马匹，肯定会影响很深远，都会知道大王把人看得很低贱，却把马看得很重。"

楚庄王知道自己错了，觉得优孟说得对，于是就让优孟来处理这件事。优孟说："请让我用对待六畜的方式来埋葬它。用土做外椁，用铜锅做棺材，用姜和枣来调味，再加进木兰，用稻草作祭品，火光做衣服，把它埋葬在人们的肠胃里。"

楚庄王同意，于是就派人把马交给主管膳食的太官，并且告诫大臣们，让他们不要宣传庄王原先的打算。

阅读链接

孙叔敖为楚相，逝世后，其妻子与儿子生活困苦。孙叔敖临死前，曾对儿子交代，如果日后生活穷困，可以告诉优孟。

优孟知道情况后，便穿戴孙叔敖的衣帽，模仿孙叔敖音容笑貌，前往楚庄王处敬酒祝寿。

优孟扮得惟妙惟肖，楚庄王以为孙叔敖复活，于是让他做宰相。优孟乘机说："孙叔敖生前为官清廉，尽心竭力为大王效命，死后其子仅打柴养母，可见楚相不可为也。"

楚庄王听后，下诏封赏了孙叔敖之子。成语"优孟衣冠"据此故事而来，用以比喻假装古人或模仿他人。

老莱子与黄香行孝传美名

在我国古代宣扬孝道的著名故事集《二十四孝》中，楚国人老莱子和黄香名列其中。

老莱子，春秋晚期著名思想家。道家创始人之一。他著书立说，传授门徒，宣扬道家思想。

一般认为，道家的先驱为老子，但是老子是谁，千百年来一直是个谜。有人说是老聃，有人说是老莱子，也有人说是两人学术著作的全称。

无论怎样考证，在荆沙古地域上生活的老莱子在道家形成的过程中发挥过重要作用，这一点是可以肯定

老莱子娱亲图

■ 黄香孝亲图

蒙山 蒙山是南宋时期之前湖北荆门象山的古称，是因象山先生陆九渊曾讲学于此而改名，为游览胜地。象山南北向，周边有龙泉书院、陆夫子祠、老莱山庄、蒙泉、龙泉、惠泉、顺口泉、文明湖、讲经台、唐宋时期古柏遗址等。

的。因为他的生活年代与老聃同时，其影响远大，堪称一代杰出的思想家。

老莱子不愿"受人官禄、为人所制"，隐居山林。公元前479年，楚惠王在位时，发生"白公胜之乱"，继而陈国南侵，为避乱世，他携妻子逃至纪南城北百余千米的蒙山之阳，"葭墙蓬室，木床蓍席，衣蕴食敖，垦山播护。"

楚惠王亲自驾车前往迎接老莱子到郢都出任官职，辅助国政。他谢绝说："仆野山之人，不足守政。"

为避免楚惠王再来，他弃去茅舍，渡过长江，至江陵江南地区，过着"鸟兽之解毛可绩而衣之，据其遗粒足以食也"的隐居生活。

老莱子还是我国历史上著名的孝子，是我国古代著名的二十四孝之一。他非常孝敬父母，对父母体贴入微，千方百计讨父母的欢心。为了让父母过得快乐，老莱子特地养了几只美丽善叫的鸟让父母玩耍。

他自己也经常引逗鸟儿，让鸟儿发出动听的叫声。

父亲很高兴，总是笑着说："这鸟声真动听！"

老莱见父母脸上有笑容，心里非常高兴。老莱其实也不小了，已经72岁了。一次，父母看着儿子的花白头发，叹气说："连儿子都这么老了，我们在世的日子也不长了。"

老莱害怕父母担忧，想着法子让父母高兴。他专门做了一套五彩斑斓的衣服，走路时也装着跳舞的样子，父母看了乐呵呵的。

一天，他为父母取浆上堂，不小心跌了一跤。他害怕父母伤心，故意装着婴儿啼哭声音，在地上打滚。父母还真以为老莱是故意跌倒打滚的，见他老也爬不起来，笑着说："莱子真好玩啊，快起来！"

后人以"老莱衣"比喻对老人的孝顺。唐代诗人孟浩然曾作诗写道："明朝拜嘉庆，须着老莱衣。"

黄香，字文强，江夏安陆，即今湖北省云梦人。是东汉时期的文化名人。在古代孝子故事集《二十四孝》中，黄香被推为首位。

黄香九岁时，母亲不幸去世，家里非常贫寒，他对母亲十分怀念。安葬母亲后，黄香在母亲坟前盖一草庐。他白天帮父亲劳作，夜晚在墓庐里一边守墓，一边挑灯夜读。这一守就是三年。

不仅如此，他对父亲格外孝敬。夏日炎炎，他为父亲摇扇驱蚊解暑，直至父亲入睡，方才回墓庐学习；严寒冬日，黄香总是先用自己的体温把被子捂热后，再请

老莱子雕塑

父亲入睡，唯恐父亲受凉。

由于他既有才，又行孝，受到当时皇帝的赏识，赐封他八个字："江夏神童，天下无双"，并任他为郎中，誉为"孝子"，特许他在皇帝的书房东观阅读御书。

黄香有了这个优越的条件后，更是废寝忘食，日夜苦读，被提升为尚书令。在任期间，他秉公执法，为政清廉。

一次，东平清河地方发生了一件"妖言狱"大冤案，受株连的上千人，黄香负责办理此案。他明察暗访，公断了这起冤案。

那些受株连的无辜者全部获释，他们无不感激黄香的恩德。

汉安帝时，黄香被任命为魏郡太守，任期内魏郡遭受水灾，他把自己的俸禄及皇帝赐的钱财都捐出来赈济灾民，深受当地百姓爱戴。

黄香的一生，以孝子、贤人驰名于世，著作颇丰。清代进士蔡振中曾在拜谒黄香墓时题诗一首赞道：

> 南国无双土，东京第一流。
>
> 风霜余孝魂，爵秩贲荒丘。
>
> 姓字樵人识，笺书国史留，
>
> 更行琼葬处，千载哭忠侯。

阅读链接

黄香死后，他的后裔分为三支，一支在原处，即现在的云梦县黄孝村；另一支迁移到该县下辛店镇黄门村；再一支漂洋过海，迁徙到台湾省及南洋菲律宾一带。

1992年12月，全国第二届农民运动会在孝感、云梦举行期间，参加运动会的台湾省河洛农民体育代表队教练、黄香的第一百二十四代玄孙黄玉炎先生等一行人回故里寻根访祖，寻到了黄香坟、黄香墓碑等十多处遗迹遗物。

屈原至死不渝的爱国热情

屈原，公元前340年出生于楚国丹阳，即后来的湖北秭归，他是我国最早的浪漫主义诗人，是楚武王熊通之子屈瑕的后代，我国文学史上第一位留下姓名的伟大爱国诗人。

屈原自幼勤奋好学，胸怀大志。早年受楚怀王信任，任左徒、三闾大夫，常与楚怀王

■屈原（前340年—前278年），名平，字原，出生于楚国丹阳，主要作品有《离骚》、《九章》、《九歌》等。他写下许多不朽诗篇，成为我国古代浪漫主义诗歌的奠基者，在楚国民歌的基础上创造了新诗歌体裁楚辞。他的"楚辞"文体在我国文学史上独树一帜，与《诗经》并称"风骚"二体，对后世诗歌创作产生积极影响。

■ 屈原名篇《天问》
雕像

《九歌》 原为
楚国民间在祭神
时演唱和表演，
屈原将其改编与
加工，写成格调
高雅的诗歌。屈
原根据所祭祀神
灵不同，写有11
篇，分别是：
《东皇太一》、
《云中君》、《湘
君》、《湘夫人》、
《大司命》、《少
司命》、《东君》、
《河伯》、《山
鬼》、《国殇》和
《礼魂》。

商议国事，参与法律的制定，主张章明法度，举贤任能，改革政治，联齐抗秦，提倡"美政"。

在屈原努力下，楚国国力有所增强。但是，由于自身性格耿直，在修订法规的时候，不愿听从上官大夫的话与之同流合污。

再加上楚怀王的令尹子兰、上官大夫靳尚和他的宠妃郑袖等人，受了秦国使者张仪的贿赂，不但阻止楚怀王接受屈原的意见，并且使楚怀王疏远了屈原。

公元前304年，屈原反对楚怀王与秦国订立黄棘之盟，但是楚国还是彻底投入了秦国的怀抱。使得屈原也被楚怀王逐出郢都，开始了流放生涯。结果楚怀王在其幼子子兰等人的极力怂恿下被秦国诱去，囚死于秦国。

楚襄王即位后，屈原继续受到迫害，并被放逐到江南。公元前278年，秦国大将白起带兵南下，攻破了楚国国都，屈原的政治理想破灭，对前途感到绝望，虽有心报国，却无力回天，只得以死明志，就在当年农历五月怀恨投汨罗江自杀。

屈原忧国忧民、行廉志洁的人品被誉为后世楷模，他气魄宏伟、辞章瑰丽的作品堪称世界文学殿堂的精品，对后世诗歌创作产生了积极影响。

其代表作品有《离骚》、《九歌》、《九章》、《天问》等。

《离骚》是一首充满浪漫主义色彩的爱国诗篇。是我国诗歌史上最伟大的抒情诗篇。是屈原以自己的理想、遭遇、痛苦、热情以至整个生命所熔铸而成的宏伟诗篇，其中闪耀着鲜明的个性光辉，是屈原全部创作的重点。

全诗分三部分：第一部分自叙身世、经历、品质、理想，以及自身的不幸遭遇。他认为自己是黄帝家族的苗裔，而且品质非凡，理想高远，然而看到楚国现实政治黑暗之后又深为忧虑。

第二部分运用充分的想象继续表现自己对理想的追求与失望。

第三部分写他在天门不开、陈志无路、求女不成、知己难遇的情况下，曾经产生去国远逝的幻想。

《离骚》是屈原用生命和血泪写成的诗。这首才气纵横，感情起伏的长诗倾吐了诗人赤诚的爱国信念和救国无门的痛苦与忧伤。

长诗表现出对进步政治理想的追求，表现出深厚的爱国感情，表

■屈原天问图

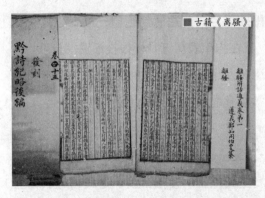

现出坚持理想、宁死不屈的斗争精神，塑造了一个纯洁高大的爱国者形象。

它成功地运用了浪漫主义的创作方法。浪漫主义的特征是运用幻想的方法去表现精神与激情。它是现实在理想中的变形与升华，可以产生强烈的感染效果。

《离骚》结构宏伟，长于抒情，成为后世抒情诗的楷模。《离骚》在诗句形式和语言风格上吸收了散文的铺陈形式，把诗句加长，结构扩大，既增加了内容容量，又增强了艺术表现力。

总之，在《离骚》中，诗人从自叙身世、品德、理想写起，抒发了自己遭谗言被害的苦闷与矛盾，斥责了楚王昏庸、群小猖獗与朝政日非，表现了诗人坚持"美政"理想，抨击黑暗现实，不与邪恶势力同流合污的斗争精神和至死不渝的爱国热情。

阅读链接

西汉武帝之时，这时《楚辞》已经成为一种文学体裁。后来刘向把屈原的作品及宋玉等人"承袭屈赋"的作品编辑成集，成为继《诗经》以后，对我国文学具有深远影响的一部诗歌总集。

《楚辞》是用具有楚国地方特色的乐调、语言、名物而创作的诗赋，在形式上楚辞的直接渊源应该是以《九歌》为代表的楚地民歌。

《九歌》原为祭祀时之巫歌，后经屈原加工而保留下来，而《离骚》等其他作品则是在这基础上发展而来的。因此，南方祭祀歌那神奇迷离的浪漫精神，也深深地影响甚至决定了楚辞的表现方法及风格特征。

王昭君为了民族和睦而出塞

　　王昭君，我国古代四大美女之一的落雁，晋朝时为避司马昭讳，又称"明妃"，汉元帝时期宫女。

王昭君画像

　　王昭君出生于长江三峡的一个普通的民家。公元前34年，征集天下美女进后宫，王昭君就被选入宫。

　　王昭君虽然是锦衣玉食，住的是绮窗朱户，但不过是笼中之鸟，池中之鱼而已。皇帝后宫佳丽三千，按理要轮到王昭君不知什么时候，而且即使轮到了又能怎样？

■ 昭君出塞图

　　王昭君可能也就这样湮没于后宫之中，但是一件外交上的事情改变了王昭君的一生。

　　这事要先从汉朝时最大的敌人匈奴说起。

　　汉宣帝时，匈奴发生内乱，五个单于分立，相互攻打不休。其中有一个呼韩邪单于，被别的单于打败逃到汉朝来，亲自朝见汉宣帝。

　　呼韩邪单于是第一个到中原来朝见的单于，汉宣帝亲自到长安郊外去迎接他，为他举行了盛大的宴会。

　　呼韩邪单于在长安一住就是一个多月。等到他回去的时候，汉宣帝派了两个将军带领10000人护送他到漠南。

　　这时候，匈奴正缺粮食，汉宣帝送去了34000石粮食。

　　呼韩邪单于非常感激。西域各国看见汉代朝廷对呼韩邪单于这么好，也都争先恐后地同汉代朝廷打交道。

　　汉宣帝驾崩后，他的儿子刘奭即位，也就是召王昭君入宫的汉元帝。此时呼韩邪单于跟汉朝的关系已经很好了。

　　公元前33年，呼韩邪单于再一次到长安，这次他提出了和亲的要求。和亲的建议原本是汉高祖时娄敬德提出的，当时的形势是匈奴强汉弱，吕后只有一女，不忍心将她远嫁番邦，因此和亲一直都是挑一个宗室的女儿假作公主嫁出去的。

不过这回，汉元帝决定挑一个宫女给他。原因可能是汉元帝时已经是汉强匈奴弱，没必要一定挑皇亲国戚的女儿，皇亲国戚的女儿们毕竟不是很多，宫女则多的是。

再说，呼韩邪单于此时就在长安，让宗亲的女儿冒充公主，这么的大事情怎么可能瞒得过他。

汉元帝派人到后宫传话，宫女们在皇宫犹如鸟儿在樊笼，都争着想出去，但一听是去荒漠遥远的匈奴，一个个起劲的劲头顿时就没了。

不甘心做白头宫女的王昭君毅然请命，自愿去匈奴。

管事的大臣听到王昭君肯去，急忙上报元帝。元帝就吩咐大臣选择吉日，让呼韩邪单于和昭君在长安

单于 是匈奴人对他们部落联盟的首领的专称，意为广大之貌。单于始创于匈奴著名的冒顿单于的父亲头曼单于，之后这个称号一直继承下去。而东汉三国之际，有乌丸、鲜卑的部落使用单于这个称号。至两晋十六国时期，皆改称为"大单于"的称号，但地位已不如从前显赫。

■王昭君出塞浮雕

成了亲。单于得到了这样年轻美丽的妻子，又高兴又激动。

临回匈奴前，王昭君向汉元帝告别的时候，汉元帝看到她又美丽又端庄，可爱极了，很想将她留下，但已经晚了。

据说元帝回宫后，越想越懊恼，自己后宫有这样的美女，怎么会没发现呢？

他叫人从宫女的画像中再拿出昭君的像来看，才知道画像上的昭君远不如本人可爱。

为什么会画成这样呢？原来宫女进宫时，一般都不是由皇帝直接挑选，而是由画工画了像，送给皇帝看，来决定是否入选。

当时的画工毛延寿给宫女画像，宫女们要送给他礼物，这样他就会把人画得很美。

王昭君对这种贪污勒索的行为不满意，不愿送礼物，所以毛延寿就没把王昭君的美貌如实地画出来。为此，元帝极为恼怒，惩办了毛延寿。

■王昭君呼韩邪单于铜像

■ 塞外昭君

钟灵毓秀

惟楚有才

　　王昭君在汉朝和匈奴官员的护送下，骑着马，离开了长安。她冒着塞外刺骨的寒风，千里迢迢地来到匈奴地域。

　　她到匈奴后，被封为"宁胡阏氏"，象征她将给匈奴带来和平、安宁和兴旺。她一面劝单于不要打仗，一面把中原的文化传给匈奴，使匈奴和汉朝和睦相处了60年之久。

阅读链接

　　公元前31年，呼韩邪单于去世，留下一子，名伊屠智伢师，后为匈奴右日逐王。当时王昭君以大局为重，忍受极大委屈，按照匈奴"父死，妻其后母"的风俗，嫁给呼韩邪单于的长子复株累单于雕陶莫皋。

　　年轻的单于对王昭君更加怜爱，夫妻生活十分恩爱甜蜜，接连生下两个女儿。雕陶莫皋与王昭君过了11年的夫妻生活而去世。

　　这时王昭君已经33岁，正是绚烂的盛年，不必再有婚姻的绊系，参与匈奴的政治活动，对于匈奴与汉廷的友好关系，着实产生了不少沟通与调和的作用。

学术渊博廉政守道的朱震

朱震，北宋、南宋之际的著名大臣、理学家。

年少时在东宝山麓的东山书院攻读，宋徽宗政和年间中进士，曾任县令、州官，后来官至朝中重臣。以廉正守道闻名于世。

■程颐画像

朱震学识渊博，对经学很有研究，尤其精通《周易》，体会透彻。他以程颐《易传》为宗，采纳各家之说，融会贯通。

朱震比较各家异同，分析众说优劣，以王弼尽去旧说，杂以老庄，专尚文辞为非。他对象数之学，特别重视，着重探研。

朱震一生，著述颇丰，著有《周易（卦图）》、《周易丛说》、《汉上易解》、《汉上易集传》、《春秋左氏讲义》。

在宋室南渡前，大学士胡安国发现朱震是个不可多得的人才，大为器重。胡安国是两宋之际的正人君子，廉洁而又有骨气，不依附当权的奸臣蔡京，一再向朝廷推荐有才德的布衣寒士。

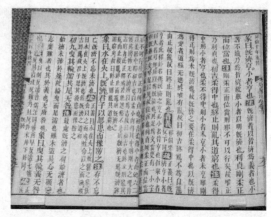

■古籍《周易》

胡安国非常赏识朱震，曾向宋钦宗恳切进言："明君以务学为急，圣学以正心为要。"主张重用朱震。

在宋室南渡后，江西制置使赵鼎提升为参政知事后，也极力推荐朱震"学术渊博，廉政守道"。

宋高宗听了，亲自召见朱震，垂问有关《易》、《春秋》的要旨。

朱震结合自己多年来的研究和体会，应答如流，高宗十分满意，便提拔朱震为礼部员外郎，兼川陕荆襄都督府祥议官。

朱震便上书宋高宗，提出了中兴宋朝稳妥之计：

> 荆襄之间，沿汉上下，膏腴之田七百余里，若选良将领部曲镇之，召集流亡，务农种谷，寇来则御，寇去则耕，不过三年，兵食自足。
>
> 又给茶盐钞于军中，募人中籴，可以下江西之舟，通湘中之粟。观衅而动，席卷河南，此以逸待劳，万全之计也。

理学 理学流派纷纭复杂，北宋中期有周敦颐的濂学、邵雍的象数学、张载的关学、二程的洛学、司马光的朔学，南宋时期有朱熹的闽学、陆九渊兄弟的江西之学，明代中期有王守仁的阳明学等。主要有两大派别，二程、朱熹为代表的程朱理学；陆九渊、王守仁为代表的陆王心学。

古代相术

瑰丽楚地
荆楚文化特色与形态

　　他主张以荆襄为复兴基地，发挥荆襄的地理优势，妥善经营荆襄，安定人心，召集流亡，农战结合，三年即可以解决守军给养问题。

　　还可以通过长江、汉水之利，运用湖南、江西的力量以充实荆襄，然后乘机收复中原，万无一失。

　　朱震此言，颇得宋高宗欣赏。

　　不久，朱震改任起居郎，后又调任翰林院大学士。有个叫郭千里的人，就要被派做监丞。

　　朱震指出，这个人曾因侵占民田而受到依法惩治，希望不要委派。

　　朝廷接受了他的意见。

　　1131年，虔州陈颙率众数千人起义，高宗皇帝十分担心事态扩大，不可收拾，打算派大军前往镇压。

　　朱震奏称："农民为盗，实为贪官污吏所逼，派兵镇压，不如派太守招抚，惩治贪官污吏，并选用良吏，百姓自然安分守己，即使有人煽动他们造反或当匪盗，也不会有人去。"

在他的建议下，宋高宗吩咐新上任的太守，一到任上就将本州府所属各县的各级官员开列名册上报，发动老百姓检举贪污受贿和胡作非为的贪官污吏，凡经查属实的，一概罢免。改派关心百姓疾苦者来接替职位，凡有政绩者，从优奖励。

这样一来，长达三年的农民起义被朱震献策化干戈为玉帛。

宫中立太子，设资善堂，高宗任命朱震和范冲兼翊善官，负责对太子的教育。在朱震、范冲的教导下，太子学有所成，继位后是为孝宗，成为一位贤达的较有作为的君主。

1137年，朱震请求病休，未允。朝廷因其功勋仍派他主管礼部贡举。

1138年朱震因病去世。

后来荆门州百姓将朱震列为乡贤，专门修建祠堂三贤祠，把朱震与陆九渊、胡安国三人尊称为"荆门三贤"一同供奉。

荆门州在沙洋县汉江大堤的关庙后建有书院，为了纪念朱震，名之为"汉上书院"。

阅读链接

朱震的学术思想受理学影响很大。但在理学传统中，后人对朱震评价并不高。仅将其视为同道，不认为他是一位纯粹的理学家。

宋明以来历代学者把朱震看成是一个经学家和象数易学家，在《汉上易传》中，朱震大量采用汉代象数易学的方法解易，而这恰恰为二程所不重视，而且其注易兼采各家，不拘泥于一说，形式纷繁复杂。

但是，无论从学术渊源还是从其经世致用之思想倾向来看，朱震实可堪称是一位理学大师。

杨际泰寻找克制毒瘾良方

杨际泰，湖北武穴市梅川镇百园杨家垸人，世代行医。杨际泰少时随父学医。

他认真研究《黄帝内经》、《难经》、《伤寒杂病论》等医学经典。每读一书，必穷其理，并反复验证于临床。

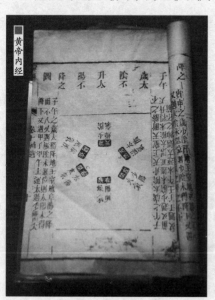

■黄帝内经

故中年之后，为人治病，必探其病因，以求确诊，对症下药，书方遣药，每有奇效，成为内、外、妇、儿诸科皆为其所长的鄂东名医。

他医德高尚，无论道途远近，遇有患者，见请便往，救死扶伤，不计报酬。

杨际泰中年时代，正值技业大

成之际，也是清代朝廷衰败时期。外国侵略者将鸦片大量输入我国，欺骗引诱我国人民吸食，使其身心健康受到严重摧残。

曾有一次，一位中年妇女扶着一个男人来到杨际泰家中，进门就跪下，口中连呼："杨先生，快救救我男人，救救我全家吧！"

杨际泰忙和夫人将他们扶起，细问之后，得知她丈夫在汉口英租界做苦工，一次因肚子痛，吃了别人给他的一块黑色药，当时肚子痛就减轻了好多。

可是过了两天又是疼痛，而且别的药吃了也无效，再吃那黑色药又不痛了，就这样反反复复，一年多的时间里，她丈夫不但没挣回一文钱反而欠下一屁股的债。

杨际泰看那男子，只见他鼻涕口涎齐流，哈欠连连泪涟涟，目光呆滞面皮青，骨瘦如柴懒洋洋。经过按脉象，看瞳孔，察舌苔，断定是中毒。

可是，那男子服用各种解毒药物后均无特殊效果。正在一筹莫展的时候，蕲春有一位因吸食鸦片上瘾的人请杨际泰治疗。观其症状，乃比前一位有过之

■ 林则徐画像

《难经》原名《黄帝八十一难经》，传说为战国时扁鹊所作，约成书于秦汉之际。本书以问答解释疑难的形式编撰而成，共讨论了81个人体问题。对人体腑脏功能形态、诊法脉象、经脉针法等诸多问题逐一论述。全书内容简扼，辨析精微，在中医学典籍中常与《内经》并提。

■ 林则徐虎门销烟图

脉象 中医诊断
学名词。脉动应
指的形象。包括
频率、节律、充
盈度、通畅的
情况、动势的和
缓、波动的幅度
等。脉象的形
成，与脏腑气血
关系密切。不同
的脉象反映出脏
腑气血的生理及
病理变化。

而无不及。

此情此状，使杨际泰忧心忡忡，彻夜难眠，可是乡民吸食鸦片者仍越来越多。杨际泰反复考虑后，前往汉口，深入虎穴寻找克制毒瘾的良方。

在汉口，杨际泰买通了一位在英租界守门的印度人，并高价搞到一本关于如何生产制作及使用鸦片的小册子。根据小册子介绍的人们吸食鸦片的特点，杨际泰就在汉口日夜不停地研究戒毒配方。谁知一住就是半年多。

这时家乡派人送信到汉口，告诉他夫人陈氏病重，要他速归。

但杨际泰对解毒配方的研究也到了关键时刻。待到他将有关资料收集齐，并将配方研制完成，匆匆赶回百元老家时，他夫人已处于弥留之际。

夫人临死前给杨际泰留了一块白绫布，上面写道：

外洋鸦片泛滥中华、多少父老兄弟因吸食鸦片而误其正业，失其意志，荡尽家财害其身体，目不忍睹……

夫君为此深感忧虑，日夜操劳，为妻虽有此心，惜无能相助……

在你离开家之时，我已买回鸦片大量偷吸，并用你留下的药方，加减交替使用，收效各有不同，点滴体验均已记录在册，以供夫君借鉴。然此时毒已入膏肓，治之晚矣。

看罢遗书，杨际泰泪湿长衫，深感只有尽快制服毒魔，才对得起死去的爱妻。

他根据夫人遗留下的亲身体验加上自己收集的资料，编写了一本《劝乡民书》，披露吸食鸦片的后果，劝人戒鸦片。

书中提到鸦片有"四耗"：一耗神；二耗精；三耗气；四耗血；

林则徐虎门销烟图

林则徐（1785年—1850年），清代后期政治家、思想家和诗人，是中华民族抵御外辱过程中伟大的民族英雄，其主要功绩是虎门销烟。因其主张严禁鸦片、抵抗西方的侵略、坚持维护我国主权和民族利益深受人民敬仰。魏源说他是我国近代"睁眼看世界的第一人"，史学界称他为"近代中国第一臣"。

"十害"：一损精神；二耗脂血；三废正气；四耗钱财；五伤性命；六增丑态；七坏名声；八于列禁；九泄机密；十入膏肓。

他急民族之所急，悬壶济世，广搜验方，组合出六副戒毒方剂，其治疗效果特佳，帮数十万烟民脱毒消瘾，以至民间留下"南有林则徐断绝毒源，北有杨济泰解除病根"的口碑。

另外，杨际泰还结合前贤见解，汇集家传经验和自身30余年之临床实践，撰成《医学述要》，初付印于1836年，30册，36卷，数十万言。

其书涉及医学四诊、"医门八法"、脉象理论、伤寒、温病、外科、儿科、内伤病、妇产科、五官科以及方药等，内容十分丰富，是一部颇有实用价值的医学全书。

阅读链接

在武穴市梅川镇百园下赵村杨家垸有杨际泰墓。墓始建于1854年，1993年重修。墓前是一座青石砌的三门牌楼，一对雄伟的石狮蹲在中门两旁。进门登12级台阶是一个小草坪，草坪中间矗立着杨际泰晚年塑像。

绕过草坪，再上74级台阶，是杨际泰和其先父杨少山的合墓，墓左墓右修竹长青，药园茂盛，两通杨际泰生产自刻的墓碑耸立墓前。墓后的"际泰祠"，祠堂里面有一幅杨际泰的画像，四壁镶嵌杨际泰撰写的《平阶七十自述》诗咏和《医学述要自序》的碑刻。

中学为体西学为用的张之洞

1862年1月，江汉关设立，总汇对外贸易税务。

自此，汉口逐步成长为水陆交通枢纽，华中最大的货物集散地，"货到汉口活"的说法遍传遐迩，武汉"九省总汇之通衢"的功能也得到充分发挥，这带动了长江中游商品经济及近代工商业的发展。

■张之洞（1837年—1909年），字孝达，号香涛、香岩，又号壹公、无竞居士，晚年自号抱冰。直隶南皮，即今河北省人。洋务派代表人物之一。提出的"中学为体，西学为用"，是对洋务派和早期改良派基本纲领的一个总结和概括。与曾国藩、李鸿章、左宗棠并称晚清"四大名臣"。其文稿辑为《张文襄公全集》。

湖北枪炮厂生产的武器

两湖书院 1890年四月，张之洞于武昌营坊口都司湖畔创建两湖书院。经费主要出自湖北、湖南两省茶商的捐资，故名"两湖书院"，专取两湖士子入学肄业，每省员额200名，另为报答茶商资助，专录商籍学生40人。1903年，两湖书院改为文高等学堂，也称"两湖大学堂"。不久后又称"两湖总师范学堂"。

正是在这样的背景下，1889年7月，洋务运动的主将张之洞调任湖广总督。他一到湖北，就着手兴办重工业和轻工业。规模之大，速度之快，不仅在我国独占鳌头，而且在东亚也是突出的。

1890年，张之洞在汉阳龟山设立湖北枪炮厂。经过反复研制，1892年，终于研制成功小口径快炮。

在湖北枪炮厂的所有产品中，被人们称为"汉阳造"的七九步枪最为有名，它成为当时及稍后我国军队的重要装备之一。

1893年，湖北汉阳铁厂成立，1894年建成，水平为东亚第一。当年的《东方杂志》描写这座我国旷古未有的大厂，说它有"一览众山小"的气势。

湖北枪炮厂、汉阳铁厂、电厂、水厂以及织布局、纺纱局、缫丝局、制麻局，还有造纸、制革等相继建成投产，这些奠定了近代湖北工业的坚实基础，成为我国近代工业发祥地之一。

1890年，张之洞在武昌创建两湖书院，后经过教育改革，使两湖书院初具新式学堂的雏形，开湖北近代教育的先河。

清代末期，在湖北大量涌现改制书院及新式学堂，它们成为弘扬传统文化、传播新知识、新思想的重要场所，其间也涌现了一大批在清代末期政坛、文坛上风云一时的人物。

张之洞的主要著作《劝学篇》是1898年在湖北撰写的。在《劝学篇》中，张之洞提出了"中学为体，西学为用"的主张。

其基本思想是说教育首先要传授我国传统的经史之学，这是一切学问的基础，要放在率先的地位，然后再学习西学中有用的东西，以补中学的不足。

张之洞把中学的内容概括为经、史、子、集，尤其强调"明纲"，认为三纲五常是中学之本原，以此反对维新派的君主立宪。他把西学概括为西史、西艺、西政三部分。

他提出的"中学为体，西学为用"的主张，是我国近代有关中学与西学关系的命题。

"中学为体"，是强调以我国的纲常名教作为决定国家社会命运的根本；"西学为用"，是主张采用西方资本主义国家的近代科学技术，效仿西方国家在教育、赋税、武备、律例等方面的一些具体措施，举办洋务新政，以挽回清王朝江河日下的颓势。

从1896年起，张之洞开始选派大批湖北青年远赴日本与欧美留学，人数居于各省前列。

据1904年对留日学生数量的统计，全国各省学生约3000人，其中湖北籍的就有420多人。截至辛亥革命前夕，湖北留日学生累计达5000

洋务运动

余人，位居全国第一。湖北革命党的一些重要代表人物，就是从这些新型的知识分子中产生的。

从1903年至1911年的九年间，湖北革命党人相继成立革命团体，如科学补习所、日知会、共进会、文学社等，为辛亥革命的爆发做了扎实的准备工作。

1899年，张之洞支持出版《湖北商务报》，随后，湖北当局又陆续创办《农学报》、《湖北学报》、《蚕学报》、《湖北教育官报》等舆论宣传工具。而民办报业的勃兴更是当时湖北文化的一大亮点。

湖北近代图书馆事业也起步于张之洞在湖北的教育改革，1904年8月27日，湖北省图书馆成立。此外，湖北当局还注重在各个学堂内设立书库，成为当时文化传播的一个重要窗口。

如果说，整个近现代我国都卷入"古今一大变革之会"，那么两湖地区更处在风云际会之处。如清代末期鄂籍留日学生所说，近代湖北是"吾国最重最要之地，必为竞争最剧最烈之场"，而"竞争最剧最烈之场，将为文明最盛最著之地"。

正因为如此，湖北武汉在20世纪初叶崛起为仅次于上海的工商业中心，继之成为辛亥革命首义之区。而这种时代的风云际会，又孕育了湖北地区开放创新、熔铸古今、会通中西的文化心态与局面。

阅读链接

张之洞办企业，机炉设在汉阳，铁用大冶的，煤用马鞍山的。马鞍山的煤，灰矿并重，不能炼焦，不得已只好从德国购焦炭数千吨。从1890年至1896年耗资560万两，还没有炼成钢。

后改用江西萍乡的煤，制成的钢太脆易裂。张之洞才知道他所购的机炉采用酸性配置，不能去磷，钢含磷太多，便易脆裂。于是又向日本借款300万元，将原来的机炉改用碱性配置的机炉，才制出优质的马丁钢。

荆楚大地有着众多的山川胜迹，它们往往构成一道独具特色的文化景观。

神农架地区孕育的炎黄神农，长江水流淌出的三峡文化底蕴，荆州、吴王都城和文武赤壁共同营造的古代建筑，黄鹤楼、晴川阁和古琴台一起铸就了三楚胜境，黄梅的四祖寺、五祖寺继承和发扬了宗教文化，"天下第一仙山"武当山是道家文化的渊薮与巅峰。

战国时期是楚文化的鼎盛期。此时，铜器生产登峰造极，铁器普遍推广，丝织刺绣兴旺发达，漆器木器应运而生，城市建设欣欣向荣，物质文化的发展达到了顶点。

独具魅力的神农架传奇

瑰丽楚地 荆楚文化特色与形态

  神农架林区位于湖北西部边陲，是湖北长江和汉江的分水岭。东与湖北保康县接壤，西与重庆市巫山县毗邻，南依兴山、巴东而濒三峡，北倚房县、竹山且近武当，总面积3253平方千米。

神农架

神农架因华夏始祖之一神农氏在此架木为梯，采尝百草，救民疾夭，教民稼穑，故名。

远古时期，神农架林区还是一片汪洋大海，经燕山和喜马拉雅运动逐渐提升成为多级陆地，并形成了神农架群和马槽园群等具有鲜明地方特色的地层。

神农架区内山体高大，由西南向东北逐渐降低。神农架平均海拔1.7千米。山峰多在1.5千米以上，其中海拔3千米以上的山峰有六座，最高峰神农顶海拔约3.1千米，成为了华中第一峰，神农架因此有"华中屋脊"之称。

■ 神农架板桥

　　山脚盛夏山顶春，山麓艳秋山顶冰，
　　赤橙黄绿看不够，春夏秋冬最难分。

这是神农架林区气候的真实写照。这里苍劲挺拔的冷杉、古朴郁香的岩柏、雍容华贵的桫椤、风度翩翩的珙桐、独占一方的铁坚杉，枝繁叶茂，遮天蔽日；金丝猴、白熊、苏门羚、大鲵以及白鹳、白鹤、金雕等走兽飞禽出没草丛，翔天林间。一切是那样的和谐宁静，自在安详。

在神农架古老的谜一样的山林里，积淀着古老的

神农 一说即"炎帝"，距今5500年至6000年前。关于神农有文字记载的出现时代在战国时期以后。被世人尊称为"药王""五谷王""五谷先帝""神农大帝"等。华夏太古三皇之一，传说中的农业和医药的创始者。

■ 神农架茅屋

丝绸之路 丝绸之路是指起始于长安，连接亚洲、非洲和欧洲的古代路上商业贸易路线。它跨越陇山山脉，穿过河西走廊，通过玉门关和阳关，抵达新疆，沿绿洲和帕米尔高原通过中亚、西亚和北非，最终抵达非洲和欧洲。丝绸之路也是一条东方与西方之间经济、政治、文化进行交流的主要道路。

谜一样的文化。独具魅力的神农架文化像一樽陈年老酒，香飘万里，沁人心脾，令人心往神驰。

神农架文化具有区别于其他地区文化的显著特点：古老的山林特色。既保留了明显的原始古老文化的痕迹，又具有浓厚的山林地域风貌。其区域文化特色被视为亚洲少见的山地文化圈——高山原生态文化群落带。

神农架人文历史久远，早在20多万年前，就有古人类在此活动。神农架据传是华夏始祖、神农炎帝在此搭架采药、疗民疾病的地方。他在此"架木为梯，以助攀援"，"架木为屋，以避风雨"，最后"架木为坛，跨鹤升天"。

神农炎帝是华夏文明开创者之一，后人将其丰功伟绩列陈有：驯牛以耕，焦尾五弦，积麻衣革，陶石木具，首创农耕，搭架采药，日中为市，穿井灌溉。

秦汉时期以来，神农架地区分属历朝历代邻近州郡县管辖，仅三国至隋代初期设绥阳县，清代隶属湖北郧阳府房县及宜昌府兴山县。由于这里谷深林密，交通不便，历来为兵家屯守之地。

唐中宗被贬为庐陵王后，命神农架山脉为"皇界"。清代顺治、康熙及嘉庆年间，义军刘体纯部及白莲教军先后在此屯守11年之久。

神农架文化遗存众似繁星，民俗乡风淳厚质朴。阳日古刹净莲寺、九冲佛影天观庙传承佛教衣钵；川鄂古盐道依稀再现南方丝绸之路的繁荣；民间习俗多保持着固有的淳朴和浓厚的乡土气息；独具特色的刺绣便是神农架的一朵充满活力的艺术之花。

神农架民歌的演唱形式、音乐色彩和语言艺术十分古老和丰富。许多民歌珍品历传不衰，成为神农架人文化生活的一个重要组成部分，闪耀着古楚文化的灿烂光辉。

薅草歌声情并茂，明快悠扬；婚礼歌脍炙人口，趣味盎然；丧礼歌音色古朴，粗犷苍凉；民间小调抒情状物，盛情真挚。

在神农架地区发现的《黑暗传》，被称为"汉族首部创世史

古盐道

■《黑暗传》

盘古 我国民间神话传说人物，初见于三国时期吴国徐整的《三五历纪》。太古时，太空中飘浮着一个巨星，其中有一个叫盘古的巨人，一直在用他的斧头不停地开凿，企图把自己从困困中解救出来。经过18000年艰苦的努力，巨星分为两半。轻的化为气体，不断上升；重的变为大地，不断加厚。宇宙开始有了天和地。

诗"，长达3000行的《黑暗传》手抄本，以七字一句的民歌形式叙述了史前至明代的重大历史事件。

分为四大部分：天地起源，盘古开天，洪水泡天和再造人类，三皇五帝出现。

这部史诗从明清时期开始流传。它生动形象地描述了世界形成、人类起源的历程，融汇了混沌、浪荡子、盘古、女娲、伏羲、炎帝神农氏、黄帝轩辕氏等许多历史神话人物事件，并且与我国现存史书记载的有关内容不尽相同，显得十分珍贵；它作为远古文化的"活化石"，对于研究我国古代神话、历史、考古、文艺、宗教、民俗等都具有重要价值。

神农架民风古朴，民俗奇特。在一些农家的大门上，常挂着一幅青面獠牙、面目凶恶的木雕脸谱，谓之"吞口"。在南部山乡，热情的主人往往以酒待客，谓之"喝冷酒"；北部山乡则有一整套待客的酒规。

神农架的"野人"传说，透着神秘的文化色彩，对此史书有记载，《山海经·海内南经》、屈原的《山鬼》、明代《本草纲目》、清代神农架周边的房县、兴山等县县志都有关于"野人"的记载。

《本草纲目》上记载："南康有神曰'山都'，形如人，长丈余，黑色，赤目黄发，深山树中做窠……"描述的就是"野人"。

在民间也流传着这样的传说：在秦始皇下令修万里长城时，有几个不堪苦役的民夫逃到神农架的深山老林最终变成了"野人"。

神农架的自然条件和人文背景共同构成了神农架绚丽多彩的画卷，隽秀如屏的群峰，茫茫苍苍的林海，完好的原始生态系统，丰富的生物多样性，宜人的气候。神农架的文化生态与其保存完好的自然生态一样包含着巨大的价值，具有恒久的魅力。

长城 古代我国在不同时期为抵御塞北游牧部落联盟侵袭而修筑的规模浩大的军事工程的统称。长城在我国历史的长久岁月中，许多封建王朝为了巩固自己的统治，曾经对它进行过多次修筑，我国古代千千万万劳动人民为它贡献了智慧，流尽了血汗，使它成为世界一大奇迹。

历史底蕴

文化风采

阅读链接

《黑暗传》由神农架林区文化干部胡崇峻于1984年发现。这本有着多个版本的奇书，谁是它的第一个作者呢？现在仍是一个千古之谜，而作为这一伟大宝藏的发掘者，胡崇峻应该受到尊敬。

搜集整理者，为此书付出了他几乎一生的精力。他历尽千辛万苦收集有九种《黑暗传》的抄本。而这些唱本多是残缺本，有的几百行，有的千余行，如此零乱、重复的故事，就算梳理一遍也是艰难的。

而我们如今看到的这部流畅的史诗，感觉是一泻千里，确是一部艺术化的家谱。这3000多行的正式出版本，行行字字都浸透着胡崇峻的心血。

历史悠久的战国编钟乐器

　　编钟是汉族古代大型打击乐器，根据文献记载和出土文物，发现我国在西周时期就有了编钟，那时候的编钟较小，一般是由大小三枚组合起来的。

　　春秋末期至战国时期的编钟数目就逐渐增多了，有9枚一组的和13枚一组的等。

　　在湖北省随州南郊擂鼓墩的一座战国时代的曾侯乙墓出土的编钟，是至今为止所发现的成套编钟中最引人注目的一套。总重达2567

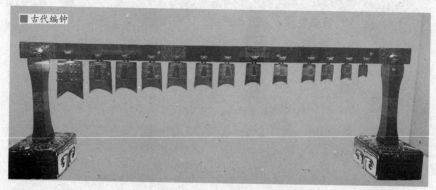

■古代编钟

■ 曾侯乙编钟

千克，65个大小编钟整整齐齐地挂在木质钟架上。

曾侯乙是战国早期曾国的国君，同期出土的还有其他乐器近百件。据编钟下层中央的一个甬钟的铭文记载，这套编钟是楚惠王在公元前433年送给这位毕生爱好音乐的曾侯乙做殉葬品的。

曾侯乙编钟是我国迄今发现数量最多、保存最好、音律最全、气势最宏伟的一套编钟。

古人把不同的钟按照音调高低的次序排列起来，悬挂在钟架上，用木槌敲打，演奏乐曲。按大小和音高为序编成八组悬挂在三层钟架上。

最上层三组19件为钮钟，形体较小，有方形钮，有篆体铭文，但文呈圆柱形，枚为柱状字较少，只标注音名。中下两层五组共45件为甬钟，有长柄，钟体

曾侯乙 战国时期南方小国曾国的国君。考古工作者对其墓葬进行了发掘，出土了大量珍贵文物，包括举世闻名的曾侯乙编钟、曾侯乙尊盘等，同时出土文物还有大量兵器、乐器、漆器、铸造精良的青铜器等共15000多件，其中九件被定为国宝级文物。

遍饰浮雕式蟠虺纹，细密精致，外加楚惠王送的一枚镈钟共65枚。

钟上有错金铭文，除"曾侯乙作持"外，都是关于音乐方面的。在鼓中部和左面标出不同音高如宫、羽等22个名称；另一面铸有律名、调式和高音名称以及曾国与楚、周、齐的律名和音阶名称的对应关系。

■ 青铜镈钟

另有一件镈钟，位于下层甬钟中间，形体硕大，钮呈双龙蛇形，龙体卷曲，回首后顾，蛇位于龙首之上，盘绕相对，动势跃然浮现。器表亦作蟠虺装饰，枚扁平。

此外，更为神奇的是，一般的物体只能发出一个乐音，但是编钟的每件钟都能发出两个乐音，并且互不相扰。这一现象一度使人感到惊奇和困惑。

经声学检测发现编钟能发双音的机制在于它的合瓦形状。当敲击钟的正面时，侧面的振幅为零，敲击侧面时，正面的振幅为零。这样双音共存一体，又不会互相干扰。

经检测：曾侯乙编钟音域跨越五个八度，只比现代钢琴少一个八度，中心音域12个半音齐全。

楚惠王（？—前432年），春秋晚期、战国初期的楚国国君，在位长达57年。楚惠王即位后，接受郢亡的沉痛教训，重用子西、子期、子闾等人，改革政治，予民休息，发展生产，使楚国得以迅速复苏，重又步上争霸行列。

在古代，世界各地都有钟，但它们都没有成为乐器，这是因为，这些钟的截面是正圆形的，声音持续时间太长。唯独我国的编钟，它的截面像两片瓦合在一起，因为钟体扁圆，边角有棱，声音的衰减较快，所以能编列成组，作为旋律乐器使用。

即使在科技高度发达的今天，铸钟仍不是一件易事。有的编钟形体很大，高度超过1.5米，制造时需要用136块陶制的模子组合成一个铸模，灌注近1000度的铜水才能得到。

从出土的编钟来看，它们不仅音调准确，而且纹饰极为精细，这说明商周时期对青铜模具的制造技术运用达到出神入化的程度。

青铜是一种合金，主要成分是铜，又加进了少量锡和铅，各种金属成分的微妙比例变化，对钟的声学性能、机械性能有重大的影响。

青铜中锡含量的增加，能提高青铜的硬度。但含量过多，青铜就会变脆，不耐敲击。铜中加铅，可降低熔点，增加青铜熔铸时的流动性，还可以减弱因加锡导致的脆性使所铸钟耐击经用。

但是，含铅量过高，钟的音色又会干涩无韵。而曾侯乙编钟里，铜、锡、铅的含量达到了最合理的比例，可见春秋战国时期，人们已经对合金成分与乐钟性能的关系有精确的认识，正因为如此，铸出的钟才音色优美，经久耐用。

曾侯乙墓编钟的发现，震惊世界，因为在2000多年前就有如此精美的乐器，如

■ 曾侯乙墓出土的大铜缶

■曾侯乙编钟

瑰丽楚地

荆楚文化特色与形态

此恢弘的乐队，在世界文化史上是极为罕见的。

曾侯乙墓编钟的铸成，表明我国青铜铸造工艺的巨大成就，更表明了我国古代音律科学的发达程度，它是我国古代人民高度智慧的结晶，也是我们"文明古国"的历史辉煌。

阅读链接

2008年北京奥运会是举世瞩目的重大事件。在奥运会颁奖台上，中外观众在一次次犹似天籁之音的"金声玉振"颁奖音乐声中，见证着一枚枚奥运金牌的诞生。这也是编钟音乐首次亮相世界性体育盛会。

北京奥运会颁奖音乐被称作"金玉齐声"，由古编钟原声和玉磬声音交融产生，以形成"金声玉振"宏大效果，与北京奥运会"金玉良缘"设计理念一致。金声玉振出自《孟子·万章下》"孔子之谓集大成。集大成者，金声而玉振之也。"

这段音乐的曾侯乙古编钟原声，来自湖北省声像博物馆；而与编钟相和的玉磬，也是从湖北采集的玉石制作而成。

出类拔萃的刺绣工艺

春秋中期至战国初期，楚国的丝织业足以代表当时神州大地丝织品工艺技术最高水平。

传说4000年前，舜令禹刺绣做衣裳。3000年前，商周官府设有绣坊，民间的刺绣也很发达。经过几千年的发展，至战国时期，已空前发达，在遍及全国各地的刺绣中，以楚国的刺绣最著名，不仅产量最多，而且质量最好。

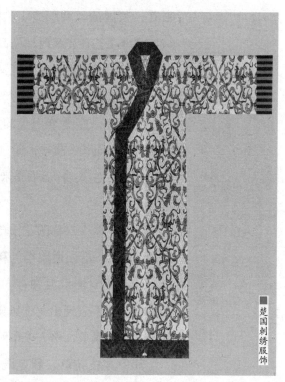

楚国刺绣服饰

■楚国刺绣品

凤凰涅槃 寓意为：凤凰是人世间幸福的使者，每500年，它就要背负着积累于人世间的所有不快和仇恨恩怨，投身于熊熊烈火中自焚，以生命和美丽的终结换取人世的祥和与幸福。同样在肉体经受了巨大的痛苦和轮回之后，它们才能以更美好的躯体得以重生。

绣工纹饰极其精美，纹样在繁杂中有规律，神奇而且浪漫。

楚绣这一荆楚大地的文化瑰宝，从纯粹技术角度来看，楚国的丝绸织造、刺绣的技艺代表了我国丝织、刺绣工艺在先秦时期的高超水平，虽经秦代灭亡之患，仍不绝于世。其物证又有江陵凤凰山汉墓、长沙马王堆汉墓等汉墓出土的丝织品。

在江陵一座楚墓出土的龙凤虎纹绣罗单衣，长1.92米，袖通长2.74米，通过考证断定，此件龙凤虎纹绣罗单衣主人身高约1.6米，女性，死亡年龄在40岁至45岁。

此款由两个对称的花纹单位组成菱形图案，菱花长约0.38米，沿四边用褐色和金黄色丝线各绣一龙一凤；中央绣对向双龙和背向双虎，虎身斑纹红黑相间，整个图案表现出龙飞凤舞的环境和斑斓猛虎穿跃其间的生动景象，给人以华丽神奇的感觉。

其中穿枝花草、藤蔓既起着装饰作用，又有图像骨骼的作用。这类图像组合是战国时期流行纹样。此款中龙、凤头部写实，身体部分与花草合为一体，龙、虎相对，龙作行走状，肢体呈挺胸立腹式曲线；虎体则绕以朱、黑条形相间，细腰瘦尾，身形矫健；凤则秀体舒展，气宇轩昂，一幅"凤鸣、龙啸、虎吟"画卷，栩栩如生。

丝绸的纹样如此清晰地勾画了历史和文化的脉络，视觉的冲击力胜过一切雄辩，为楚学研究的正源清流提供了宝贵的实物依据。

荆州的艺术家和湖北的艺术家，乃至我国和世界的艺术家，都把楚国丝绸的纹样作为创作的素材和灵感的武库，艺术由此获得再生。

在我们感受楚人在创造丰富的物质文明的同时，亲历楚人在现实生活中展现的高雅审美趣味和奔放不羁的热情，直面楚人狂放、自由生命的凤凰涅槃。

挑花是一种我国古老的传统刺绣工艺，它分布广泛，其中湖北黄梅挑花发源最早、最具代表性和影响力，在我国挑花工艺发展史中占主导地位，因此"黄梅挑花"也是各挑花的代表和统称。

黄梅 位居湖北东南部，大别山尾南缘，鄂皖赣三省交界，南临长江黄金水道，扼八方之要衢，自古称"七省通衢""鄂东门户"。这里蔡山晋梅花开二度，老而弥香；四祖寺、五祖寺、妙乐寺，寺寺通灵；龙感湖、太白湖、乱石塔，熠熠生辉。

■挑花手巾

黄梅挑花又名"十字挑花""十字绣"，起源于唐宋时期，兴于明清时期。

黄梅挑花的主要原料是当地的家机布，这种布被染成青色作底色，艺人依靠一根针、一条线在上面交替挑绣各种图案。

黄梅挑花是用彩线挑绣，用针将五彩丝线挑制在底布的经线和纬线交叉的网格上，形成色泽绚丽、立体感强的图案。黄梅挑花富于变化，各种团花、填花、边花、角花构成图有千百种之多。尤其是多姿多彩的戏曲人物造型，如"四郎探母""辕门斩子""穆桂英挂帅""梁祝姻缘""桃园结义"等。

14世纪黄梅挑花经土耳其传到欧洲，恰逢欧洲文艺复兴时期，黄梅挑花因针法简单，表现力强而迅速风靡欧洲各国宫廷。中西文化的持续交融使得黄梅挑花的针法、图案、花色在欧洲得到进一步发扬。

黄梅挑花是一种非常珍贵、独特、具有极强装饰性和鉴赏性的挑绣工艺。长期以来，经过一代又一代农家妇女的口传心授、精研细作，这门珍贵的工艺日臻完善，以明快的色彩组合、精巧的图案构想凸现出独特的艺术表现力。

阅读链接

1982年2月，在湖北江陵马山砖瓦厂发掘出一座战国时代的楚墓，打开棺盖后，美妙绝伦的一刻出现了：棺内放满了完整的丝织品，还有6条宽0.46米、长1.79米至1.9米的锦绣丝衾，以及尸体上包裹的10余件用各种丝织品制作的衣着，品种有绢、纱、罗、锦、绣、绦等。

丝绸织品富含蛋白质，能如此长久保存，实属罕见。见多识广、经验丰富的考古学家们这下被震住了：这座楚墓出土的丝织品年代之早，品种之多，工艺之精，保存之好都是前所未有的。

风云激荡的历史圣地赤壁

　　荆州是三国文化诞生和繁衍的历史圣地。荆州地处长江中游、江汉平原腹地，是产生与黄河流域中原文化相媲美的楚文化的发祥地。春秋战国时期的楚国，在城北5千米处的纪南城建都长达411年，留下了丰厚的历史文化遗存。

荆州古城墙

■ 张献忠家庙

荆州城又称"江陵城"，是因此地在秦破郢后置江陵县，作为县城而得名。

其后2000多年里，江陵作为地名，历代沿用，故有"一城二名"。荆州古城自秦汉时期以来，一直是历代王朝封王置府的重镇。汉武帝划全国为十三州，荆州是其一。其时，荆州城已是当时全国十大商业都会之一。

魏、蜀、吴三国时代，这里曾是兵家必争的战略要地。此后，东晋末期的安帝，南朝时期的齐和帝、梁元帝、后梁宣帝，隋代时的后梁王以及唐代末期至五代十国时的南平国王等，先后有11个纷争王侯在此称帝建都，长达100余年。

唐代的荆州是陪都，称"南郡"，与长安城南北呼应。元代时，这里曾是荆湖行省省会。

明代洪武年间，这里是湖广分省的省会。明代以后，这里一直是州、府、署、县的治所。荆州在我国漫长历史的演进中，所处的这种重中之重的地位和作用，有力地促进了荆州古城的发展与进步。

荆州古城墙就是其中最具代表性、最有分量的古迹之一。据《后汉书·地理志》记载，荆州古城墙的修造史，可以追溯至2800多年前的周厉王时期。

荆州城的城郭，在战国末年形成。汉代已有城墙。蜀将关羽、吴太守朱然，东晋桓温、梁元帝、南平王

东晋 317年，镇守建康的晋宗室司马睿在江南重建晋室，史称"东晋"。东晋是门阀世族政治，与北方的五胡十六国并存，这一历史时期又称"东晋十六国"。420年，刘裕废除晋安帝，建立刘宋，东晋灭亡。

高季兴等，都对荆州进行修茸，北宋末期，城毁。

南宋淳熙年间，重修城墙，1250年挖城壕。元代初期，忽必烈下令拆除荆州城。元代末期，朱元璋称吴王时，派员依旧基重建荆州城。

明代末期，张献忠率义军攻占荆州城，将城墙拆毁多半。1646年又依明代城基重新修筑荆州城，并重新命名城门：东门寅宾门，东南门公安门，西门安澜门，南门南纪门，大北门拱极门，小北门远安门。

梁元帝 （508年—554年），南北朝时期梁代皇帝，552至554年在位。其人多才，善画佛画、鹿鹤、景物写生，技巧全面，尤其善于画城外人的形貌。传世的《职贡图》是北宋年间摹本。

樊山八字形长在，汉鼎三分国已墟。

安乐故宫犹庙食，遗民时荐武昌菹。

南宋时期诗人王十朋在今鄂州凭吊昔日吴国孙权故都时，睹物思情，在《吴大帝庙》诗中，不由得抒发起江山依旧、人事已非的沧桑之感。

■孙权雕塑

221年，吴王孙权迁都鄂县，改名"武昌"，同年修筑武昌城。城北临长江龙蟠矶，南眺南湖，东据虎头山，西依西山，为龙盘虎踞之地。城呈长方形，东西长1千余米，南北宽500余米，周长3千米，总面积约0.6平方千米。

当时武昌城内建有武昌宫、太极殿、礼宾殿、安乐宫等大型宫殿建筑，宫瓦用澄泥做成，坚硬细腻，后世用以作为砚，一瓦万钱。城有五门，各以所向为名，唯西北角多一流津门，连接吴

■赤壁图

瑰
丽
楚
地

荆楚文化特色与形态

阴阳五行 是我国古代朴素的唯物论和自发的辩证法思想，它认为世界是物质的，物质世界是在阴阳二气作用的推动下孳生、发展和变化；并认为木、火、土、金、水五种最基本的物质是构成世界不可缺少的元素。他们相互滋生、相互制约，处于不断的运动变化之中。这种学说对后来古代唯物主义哲学有着深远的影响。

王苑囿。

自吴王城出西门，有一座山临江而立，逶迤曲折，林木葱茏，古称"樊山"，又称"西山"，是吴王孙权避暑读书之地。

往西山主峰，半山处有两块巨石，一立一卧，仿佛用利剑劈削而成，旁边石碑上刻着"吴王试剑石"几个大字。距巨石不远，另有一巨石平卧，石上有一个工整的"十"字，将巨石一分为四，传说是孙权和刘备比试剑锋时留下的剑痕。旁有一潭池水，名"洗剑池"。

湖北有两个赤壁，一个是湖北蒲圻县，即今赤壁市的武赤壁，一个是湖北黄州府，即今黄冈市的文赤壁。

说到赤壁的渊源，那还得从汉高祖刘邦说起，传说刘邦是赤帝之子下凡，他斩蛇起义定下汉朝400年基业，虽是沿袭秦制，但是，却在地名命名上自有一套规矩。

当时这个规矩就是以阴阳五行、二十八宿定方位。以"赤"色为上乘。然后遂有"赤壁"一名载入了历史史册，仅《三国志》一书就有50多处提到赤壁。其后代史籍、方志更是屡屡出现。

武赤壁，也称"周郎赤壁"，是当年赤壁之战发生的地方，位于蒲圻县今赤壁市境内。乘船顺长江而下，闯三峡，过宜昌，至千里江陵，便见南岸一山飞峙江心，宛如一把出鞘的利剑直指江北乌林。将近山崖，褐色的石壁上，一米见方的大字"赤壁"赫然入目，据说此二字乃周瑜所书。

虽经千年风雨的侵蚀，惊涛骇浪的拍击，字迹至今清晰完整。石壁上还有石刻诗词，为历代文人雅士凭吊古人所题诗赋。

文赤壁位于黄州区赤壁矶头，因北宋大文豪苏东坡在此写有《赤壁怀古》词和前后《赤壁赋》而得名，又称"东坡赤壁"。赤壁矶背依青山，面临长江。

此地非赤壁之战的发生地。《念奴娇·赤壁怀古》词中所说的"故垒"就是指的黄州城。苏轼给他的朋友范子丰的书信中解释说："黄州少西，山麓斗

二十八宿 是古人为观测日、月、五星运行而划分的28个星区，用来说明日、月、五星运行所到的位置。每宿包含若干颗恒星。是我国传统文化中的主题之一。广泛应用于我国古代天文、宗教、文学及星占、星命、风水、择吉等术数中。

■赤壁之战场景

瑰丽楚地

荆楚文化特色与形态

入江中，石室如丹，传云曹公所败所谓赤壁者。或曰非也。"

　　这段话明白表示，曹公所败的赤壁在黄州之西的说法，是取用"传云"，也就是当地人的传说，并非依据史料记载。

　　自唐代杜牧、宋初王禹偁贬谪黄州之后，赤壁之名日隆，至北宋大文学家苏轼贬黄时写有赤壁二赋、《念奴娇·赤壁怀古》等著名作品，更使赤壁名扬中外。

阅读链接

　　荆州古城积淀了丰厚的历史文化。

　　荆州城内及其城周附近，有着众多的古迹名胜。大禹治水的息壤、雄楚立国的故都、三国纷争的遗迹、历代名人的胜踪……似繁星点点，数不胜数。

三楚胜境的古代建筑黄鹤楼

　　三楚胜境"天下江山第一楼"黄鹤楼、"楚国晴川第一楼"晴川阁与"天下知音第一台"古琴台并称"武汉三大名胜"。

　　黄鹤楼耸立于湖北武昌蛇山峰岭之上，冲决巴山群峰，接纳潇湘

■黄鹤楼模型

云水，浩荡长江在三楚腹地与其最长支流汉水交汇，造就了武汉隔两江立三镇而互峙的雄姿。

黄鹤楼原址在湖北武昌蛇山黄鹤矶头，始建于三国时期的223年。

唐代时名声始盛，这主要得之于诗人崔颢传世名作《黄鹤楼》。

宋代之后，黄鹤楼曾屡毁屡建，1868年重建，但只存在了10多年。后来修建的黄鹤楼坐落在海拔高度61.7米蛇山顶，以清代"同治楼"为原型设计。

楼高五层，总高度51.4米，建筑面积3219平方米。72根圆柱拔地而起，雄浑稳健；60个翘角凌空舒展，恰似黄鹤腾飞。楼的屋面用10多万块黄色琉璃瓦覆盖。在蓝天白云的映衬下，黄鹤楼色彩绚丽多姿。

唐代诗人崔颢的诗作《黄鹤楼》：

■ 黄鹤楼壁画

崔颢（约704年—754年），诗人，唐玄宗开元年间进士，官至太仆寺丞，天宝中为司勋员外郎。他少年为诗，意趣浮艳，多陷轻薄；晚节变常体，风骨凛然。后游武昌，登黄鹤楼，感慨赋诗成就传颂千古的名作。

> 昔人已乘黄鹤去，此地空余黄鹤楼。
> 黄鹤一去不复返，白云千载空悠悠。
> 晴川历历汉阳树，芳草萋萋鹦鹉洲。
> 日暮乡关何处是，烟波江上使人愁。

已成为千古绝唱，使黄鹤楼名声大噪。而李白的《与史郎中钦听黄鹤楼上吹笛》：

一为迁客去长沙，西望长安不见家。

黄鹤楼中吹玉笛，江城五月落梅花。

杨慎（1488年—1559年），明代文学家，明代三大才子之首。曾中殿试状元，官至翰林院修撰，豫修武宗实录。不仅对经、史、诗、文、词曲、音韵、金石、书画无所不通，而且对天文、地理、生物、医学等方面也有很深的造诣。

更是为武汉"江城"的美誉奠定了基础。黄鹤楼濒临万里长江，雄踞蛇山之巅，挺拔独秀，辉煌瑰丽，很自然就成了名传四海的游览胜地。

历代名士崔颢、李白、白居易、贾岛、陆游、杨慎、张居正等，都先后到这里浏览，留下了大量的诗歌、词作、楹联、碑记、文章，其中"对江楼阁参天立，全楚山河缩地来"的楹联形象地写出了黄鹤楼的气势与地位。

■ 黄鹤楼龟蛇雕塑

晴川阁，又名"晴川楼"，位于武汉市汉阳区晴川街，坐落在长江北岸、龟山东麓的禹功矶上，北临汉水，东濒长江。晴川阁与武昌黄鹤楼夹江相望，江南江北，楼阁对峙，互为衬托，蔚为壮观。

晴川阁始建于明代嘉靖时期，是当时的汉阳知府范之箴为勒记大禹治水之功德而倡议兴建的，命名中的"晴川"两字取唐代大诗人崔颢《黄鹤楼》中的"晴川历历汉阳树"诗句之意。

该阁自修建以来，与禹稷行宫几经兴废，嘉靖至今400多年中，先后进行过五次大的维修增建，两次重建。

■ 伯牙抚琴蜡像

琴 古代弦乐器，又称瑶琴、玉琴，俗称古琴。最初是五根弦，后加至七根弦。古琴的制作历史悠久，许多名琴都有可供考证的文字记载，而且具有美妙的琴名与神奇的传说。琴，作为一种特殊的文化，代表古老神秘的东方思想。古琴，目睹了中华民族的兴衰，反映了华夏传人的安详寂静、洒脱自在的思想内含。

最后一次是在1864年由汉阳郡守钟谦重建。复建后的晴川阁占地386平方米，高17.5米，麻石台基，红墙朱柱，钢筋混凝土仿木结构，阁楼为重檐歇山顶式，屋顶前方仍设一水骑楼，匾书"晴川阁"三字。

整个楼阁分上下两层，沿檐回廊。其底层面阔五间，通长20.8米；进深四间，通宽16米。台明从檐柱中心外扩0.7米，台地面积为386.28平方米。

晴川阁显示楚人依山就势筑台，台上建楼阁的雄奇风貌，并富有浓郁的楚文化气息。两层飞檐四角铜铃，临风作响；大脊两端龙形饰件，凌空卷曲，神采飞动；

素洁粉墙，灰色筒瓦；两层回廊，圆柱朱漆；斗拱梁架，通体彩绘；对联匾额，字字贴金。总体上晴川阁的装修构件以木石为主，在门窗上采用了玻璃及少量金属部件。

古琴台，又名"伯牙台"，是荆楚大地著名的游览胜地，位于汉阳龟山西脚下美丽的月湖之滨。它东对龟山、北临月湖，湖景相映，景色秀丽，幽静宜人，文化内涵丰富，构成一个广阔深远的艺术境界。

春秋战国时期，楚国有位大臣伯牙，极善鼓琴。

一次伯牙受楚王外派公干，乘船沿江而下，途经汉阳江面，突遇狂风暴雨，停舟龟山脚下，不一会儿雨过天晴，心旷神怡，于是，伯牙鼓琴咏志。

抚琴小段弦即断，伯牙便知有人窃听，请出，此人正是樵夫钟子期。

伯牙调好琴，沉思片刻，抚琴一首，志在高山。子期赞道："美哉！巍巍乎志在高山。"

伯牙又抚琴一首意在流水。

钟子期又赞道："美哉！荡荡乎意在流水。"

伯牙大喜，得遇知音，拜交为挚友，约来年再会。

第二年，本是伯牙会子期之时，不料钟子期却已不幸病故。

伯牙悲痛万分，在钟子期墓前鼓琴"高山流水"。曲终后，伯牙失去知音更感孤寂，悲痛万分，顿感曲艺无意，便扯断琴弦，摔碎琴身，发誓今后永不鼓琴。

■雄伟的晴川阁

伯牙与钟子期结为知音的故事，千百年来在文人与民众之间广泛流传。

至北宋时期，人们感其情谊深厚，特在此筑台以纪念，后历代屡毁屡建。

清代嘉庆初年，湖广总督毕沅主持重建古琴台，请汪中代笔撰《琴台之铭并序》和《伯牙事考》。

1884年，黄彭年撰《重修汉阳琴台记》。

1890年，杨守敬主持并亲自书丹，将《琴台之铭并序》、《伯牙事考》、《重修汉阳琴台记》重镌立于琴台碑廊之中，并书"古琴台"三字刻于大门门楣。

古琴台主要建筑协以庭院、林园、花坛、茶室，层次分明。院内回廊依势而折，虚实开闭，移步换景，互相映衬。修建者充分利用地势地形，还充分运用了我国园林设计中巧于借景的手法，把龟山月湖山水巧妙借了过来，构成一个广阔深远的艺术境界。

阅读链接

传说李白壮年时到处游山玩水，在各处都留下了诗作。当他登上黄鹤楼时，被楼上楼下的美景引得诗兴大发，正想题诗留念时，忽然抬头看见楼上崔颢的题诗。

李白读罢，连称绝妙，然后写下了一首《打油诗》："一拳捶碎黄鹤楼，一脚踢翻鹦鹉洲，眼前有景道不得，崔颢题诗在上头。"便搁笔不写了。

有个少年丁十八讥笑李白："黄鹤楼依然无恙，你是捶不碎的。"李白又作文辩解："我确实捶碎了，只因黄鹤仙人上天向玉帝哭诉，才又重修黄鹤楼，让黄鹤仙人重归楼上。"

后人在黄鹤楼东侧，修建一亭，名称"李白搁笔亭"，以志其事。

奇峻秀美的三峡奇景

　　三峡的自然景观是国内外知名的，瞿塘峡、巫峡、西陵峡各有特色，人们各用两个简洁的词来形容它们：瞿塘峡——雄奇，巫峡——秀美，西陵峡——险峻。

■长江西陵峡

■ 巫山

李端 唐代诗人，
师诗僧皎然。曾任
秘书省校书郎、
杭州司马。晚年
辞官隐居湖南衡
山，自号衡岳幽
人。极富诗才，
是大历十才子之
一，他的名篇《听
筝》入选在《唐诗
三百首》里。

如果用唐宋诗人各四句诗来形容，则唐代大诗人杜甫用"三峡传何处？双崖壮此门。入天犹石色，穿云忽云根"，描写瞿塘峡的雄奇风貌。

唐代诗人李端用"巫山十二峰，皆在碧虚中。回合云藏日，霏微雨带风"，刻画巫峡之秀美。

宋代大诗人陆游用"船上急滩如退鹢，人缘绝壁似飞猱。口夸远岭青千峰，心忆平波绿一篙"四句，形容西陵峡的险峻。

三峡各有若干景点：瞿塘峡口有著名的夔门，就像杜甫所写的，有双崖把门，江北为赤红色的赤甲山，江南为粉白色的白盐山。北岸有险峻的栈道，绝壁上还有独特的悬棺，形成无比神奇的景观。

西陵峡西起湖北秭归县香溪河口，东至湖北宜昌南津关。全长76千米，是长江三峡中最长的峡谷。因位于"楚之西塞"和夷陵的西边，故称"西陵峡"。

这里有许多险滩，古人有诗形容"十丈悬流万堆雪，惊天如看广陵涛"，其中最有名的险滩名字就很吓人：青滩、泄滩、崆岭滩。

这些滩里怪石横陈，水湍流急，惊险万状。著名的兵书宝剑峡、牛肝马肺峡也在其中，那是因为其峡壁形状如兵书、宝剑、牛肝马肺之故。

崆岭滩得名于"空舲"，"务空其舲，然后得过"，就是说必须使船空了才能轻飘过去。这里乱石暗礁，锋利如剑，十分惊险。

三峡地区的巫山以"十二峰"最为有名，"十二峰名字甚有仙意，是登龙、圣泉、朝云、望霞、松峦、集仙、飞凤、翠屏、聚鹤、净坛、起云、上升。

而以望霞峰最为秀美，像一位亭亭玉立的少女在迎送霞光，因名"神女峰"，传有若干神话，也有许多诗赋来赞美她。

夷陵 位于风景秀丽的长江西陵峡畔，长江中上游的分界处，属鄂西山区向江汉平原过渡地带。地扼渝鄂咽喉，上控巴夔，下引荆襄，"水至此而夷，山至此而陵"，故名为"夷陵"此地素有"三峡门户"之称。

文化风采

■三峡神女峰

■ 陆游（1125年—1210年），南宋时期著名诗人。孝宗时赐进士出身。中年入蜀，投身军旅，官至宝章阁待制。晚年退居家乡。其一生笔耕不辍，今存诗9000多首，内容极为丰富。与王安石、苏轼、黄庭坚合称"宋代四大诗人"，又与杨万里、范成大、尤袤合称"南宋四大家"。

相传她是天上的西王母的女儿的化身，她还曾助禹治水，因而被后人祭祀。战国时期诗人宋玉还专写了一篇《高唐赋》，描写这位神女和楚王一段恋情，是后来"巫山云雨"成语的来历。

三峡景观的人文色彩特别浓，有许多古今名人都在这里留下过出色的诗歌曲赋。唐宋明清时期都有大诗人流连忘返，有的居住经年。

如唐朝的李白，便曾在725年、759年三次游览三峡。

725年，李白驾着一叶轻舟在三峡中急驶，写下了"桃花飞绿水，三月下瞿塘"的名句。

759年，李白又两次来三峡，那首有名的《早发白帝城》就是此时写下的。

诗圣杜甫，从765年至768年，先后滞留三峡地区三年之久，他传留后世的诗共437首，其中有1／3是描写三峡风光的。所以有学者说："三峡造就了半个杜甫"。

819年至820年，白居易曾在忠县当了两年忠州刺史，他有关三峡的若干诗篇都是此时写成的。

宋代诗人苏东坡，1059年随父亲和弟弟共游三峡，共留下三峡诗篇六七十首，他们父子三人还把在三峡的唱和诗编成一本《南行集》专集。

南宋诗人陆游，于1169年至1172年先后有三年在夔州任职，他的大部分有关三峡的诗篇也是这时写成的。

各朝各代的名人名诗，把三峡装扮得特别富有诗意。美丽的风景配合上那些绝妙的诗词，使后人把三峡称为"诗乡"。

三峡地区有"田歌""山歌"和"号子"，都带有地方特色，号子是峡江劳动人民的一种特有歌声，因职业不同而又分为"船工号子""抬工号子""盐工号子"等多种，这些号子，唱出了三峡地区劳动群众丰富多彩的生活，成为三峡文化的一部分。

三峡古老民风中有春游踏歌和龙舟竞渡的传统习俗。那里的春日旅游和踏歌，在宋代称为"踏迹"或"踏碛"，其时男女老少，都到野外山间畅游歌舞，十分热闹。

阅读链接

龙舟竞渡是三峡地区各个江城更繁盛的节日活动。学者们考证，至今流行在我国南北各地水乡的龙舟竞渡，发源地就是三峡地区。当时应为古代当地民族的图腾祭祀日。这是上古时代一种对龙的崇拜形式，后来由于楚国爱国诗人屈原之死才改为纪念屈原了。

在清代，川峡地区更盛行有大小端午的说法，农历五月初五为小端午，五月十五更有一次大端阳，届时三峡各地的成千上万观众到屈原故乡看龙舟竞渡盛况。

人们高唱着巴楚地区民歌，追念屈原："为国捐躯投汨罗，船游江心来找你。招你魂魄归故国，招你魂魄归三间。"

逍遥的道教名山武当山

武当山位于湖北西北部的十堰市丹江口境内，属大巴山东段。又名"太和山""谢罗山""参上山""仙室山"，古有"太岳""玄岳""大岳"之称。

西界堵河，东界南河，北界汉江，南界军店河、马南河，南倚苍茫千里的神农架原始森林，北临碧波万顷的丹江口水库。

武当山是道教名山和武当拳

■张三丰 本名通，字君宝，元季儒者、武当山道士。善书画，工诗词，曾举茂才异等，任中山博陵令。自称张天师后裔，为武当派开山祖师。明世宗赠封他为"清虚元妙真君"。张三丰所创的武学有王屋山邋遢派、三丰自然派、日新派、蓬莱派、檀塔派、隐仙派、武当丹派等至少十七支。

■武当山

的发源地，被誉为"亘古无双胜境，天下第一仙山"。

武当道教得到帝王的推崇，明代达到鼎盛。永乐皇帝"北建故宫南修武当"，明代皇帝直接控制武当道场，被称为"皇室家庙"。

元末明初张三丰集其大成，武当武术成为中华武术的一大流派。

武当地名源于先秦时期，汉代沿秦代设武当县。武当山是真武大帝的道场，武当山上的武当派也是我国古代道家最负盛名的教派。

《太和山志》记载"武当"的含义源于"非真武不足当之"，意谓武当乃我国道教敬奉的"玄天真武大帝"的发迹圣地。因此，千百年来，武当山作为道教福地、神仙居所而名扬天下。

历朝历代慕名朝山进香，隐居修道者不计其数，相传东周时期尹喜，汉代马明生、阴长生，魏晋南北朝时期陶弘景、谢允，唐朝姚简、孙思邈、吕洞宾，五代时期陈抟，宋代胡道玄，元代叶希真、刘道明、张守清均在此修炼。

武当山是著名山岳风景胜地。胜景有箭镞林立的72峰、绝壁深悬的36岩、激湍飞流的24涧、云腾雾蒸的11洞、玄妙奇特的10石9台等。

瑰丽楚地

荆楚文化特色与形态

■武当山道士

《后汉书》南朝刘宋时期的历史学家范晔编撰的记载东汉历史的纪传体史书。与《史记》、《汉书》、《三国志》合称"前四史"。书中分十纪、八十列传和八志，记载了从光武帝刘秀起至汉献帝期间的195年历史。

主峰天柱峰，海拔约1.6千米，被誉为"一柱擎天"，四周群峰向主峰倾斜，形成"万山来朝"的奇观。

武当山的宫观、道院、亭台、楼阁等宏伟的古建筑群，遍布峰峦幽壑，历经千年，沐风雨而不蚀，迎雷电竟未损，似是岁月无痕，堪称人间奇绝。古建筑群规模宏大，气势雄伟。

据统计，唐代至清代共建庙宇500多处，庙房20000余间，明代达到鼎盛，历代皇帝都把武当山道场作为皇室家庙来修建。

明永乐年间，大建武当，史有"北建故宫，南建武当"之说，共建成9宫、9观、36庵堂、72岩庙、39桥、12亭等33座道教建筑群，面积达160万平方米。

明嘉靖时期1552年又进行扩建，形成"五里一庵十里宫，丹墙翠瓦望玲珑。楼台隐映金银气，林岫回环画镜中"的建筑奇观，达到"仙山琼阁"的意境。

除古建筑外，武当山尚存珍贵文物7400多件，尤以道教文物著称于世，故被誉为"道教文物宝库"。

武当道乐"戛玉撞金，鸣丝吹竹，飘飘云端"，亲耳聆听皆肃然起敬，尊之为"仙乐""梵音"。

武当山武术以"内家功夫"而著称，是我国武术中与少林齐名的重要流派，誉为"北崇少林、南尊武当。"传说有的道士曾练成在万丈悬崖上步履如飞的功夫，其卓绝处令人景仰。

道教徒之所以选择武当山为玄武修道的圣地，乃由于武当山在唐代末期至五代时期，已成为道教的仙境福地之一，再加上武当山的名字与玄武都有"武"字，便附会玄武曾修炼于武当山。

在北宋时期尚未出现玄武神话以前，武当山已经成为道教的名山。武当山的名称在后汉时已经出现。

《后汉书》记载有朱穆隐居于武当山。南北朝时期郦道元撰《水经注》，记载武当山又名太和山、参上山、仙室、谢罗山等。

道教称仙人所居的地方为洞天福地，共有"十大洞天"，"三十六洞天"，"七十二福地"。

唐代著名道士司马承祯编的《洞天福地》尚未把武当山列入其中。到了杜光庭在901年编《洞天福地岳渎名山记》则将武当山列入"七十二福地"中的第九福地。由此可见最迟在9世纪末，10世纪初，武当山已经成为道教的圣地之一了。

武当山成为祀奉玄武的圣地应该是在《元始天尊说北方真武妙经》出现以后。宋徽宗宣和年间在武当山大顶之北创建紫霄宫祭祀玄武，可能是武当山上首座以祭祀玄武为主的宫观。

■武当山紫霄殿

至南宋时期，玄武的信仰已经非常普遍，玄武修道武当山的传说已经深入民心。

董素皇的《玄帝实录》对太和山，即武当山有较详细的描述，说明了武当山的地理位置是在海外，位于翼轸二星的下方。而且增加了玉清圣祖紫元君传授玄武道法，命他到武当山修行的情节。

宋元代之际，遭遇兵灾，武当山的宫观受到严重的破坏。

1270年在高梁河筑昭应宫以祭祀玄武。道士汪贞常入武当山，于1275年率领徒众鲁大宥等人重建五龙观。1278年以道法术数著称于世的道士赵守节，领其徒重修武当佑圣观。

1286年世祖忽必烈命法师叶希真、刘道明、华洞真充任武当山都提点，并屡降御香至武当山祝愿祈福。

刘道明撰《武当福地总真集》对武当山名称的由来提出了新的看法。他认为武当山原名太和山，由于玄武在此修道成功，飞升之后，此山非玄武不足以当之，而改名为武当。

其书中充满了玄武在武当山修道降魔的遗迹。因此刘道明所说武当山一名的由来乃是因为玄武的缘故，显然不是事实，然而却得到世人信仰与文化上的普遍认同。

元代武当山风物大量附会为玄武遗迹，一方面表现了地方风物的情趣；一方面也表明了玄武信仰的流传，武当山为祭奉玄武的圣地。

阅读链接

武当山以天机生化的旨趣和透脱通达的胸怀，将山的雄奇与妩媚，水的流荡与静谧，雾的生腾与凄婉，人生意态的高远与宽阔，在中原腹地凝聚成一种奇特的人文景观，千百年来，令游子心荡神迷，令神仙流连忘返。

荆风楚韵

楚人以我国两大图腾之一的凤凰为图腾，楚国巫风盛行，楚人对山川、天地、神灵非常崇敬，有许多祭祀礼仪。

然而，尽管楚人重巫信神，但他们依然在科学上取得了举世瞩目的成就，陆羽写出了《茶经》，毕昇发明了活字印刷，李时珍著成了《本草纲目》。

楚国文化异彩纷呈，给予了后世巨大的启迪，其义理精深的哲学、汪洋恣肆的散文、精彩绝艳的辞赋、五音繁会的音乐、翘袖折腰的舞蹈，无不独领风骚，彪炳千秋，千百年来为人们津津乐道。

以凤凰作为图腾的楚人

　　九头鸟形象的出现，最早源于楚人的九凤神鸟。出自战国至汉初时楚人之手的《山海经》，这是记载九头鸟形象的最早文献。

　　《山海经·大荒北经》建筑：

　　　　大荒之中，有山名北极天枢，海水北住焉。有神九首，
　　　人而鸟身，名曰九凤。

■凤凰画像砖

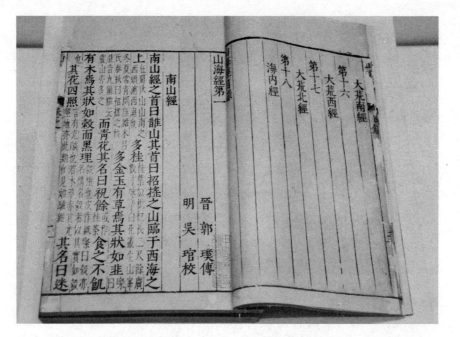

"九凤"所居的"大荒之中",虽不知其确切范围,却可以肯定包括楚地在内,因为楚人之先帝颛顼,与他的九个嫔妃皆葬于此。

《山海经·大荒北经》开篇就说:"东北海之外,大荒之中,河水之间,附禺之山,帝颛顼与九嫔葬焉。"

楚人屈原,在《离骚》中说自己是"帝高阳之苗裔。"这高阳即帝颛顼。颛顼葬于汉水,九凤与颛顼同在一地,可见九凤是楚人所崇拜的九头神鸟。

"九凤"的神性,以它的名字即可得到证明。凤是我国古代最为崇拜的两大图腾之一,与龙并称,它是吉祥幸福的象征。

《山海经·南山经》中说丹穴之山"有鸟焉,其状如鸡,五彩而文,名曰凤凰……自歌自舞,见则天

■《山海经》先秦重要史籍,是一部富于神话传说的最古老的奇书,传世版本共计18卷,包括《山经》5卷,《海经》13卷。内容包罗万象,主要记述古代神话、地理、动物、植物、矿产、巫术、宗教等,也包括古史、医药、民俗、民族等方面的内容。

下安宁。"

《尔雅·释鸟》郭璞注："凤，瑞应鸟。"

《说文》："凤，神鸟也……见则天下大安宁。"由于凤凰是吉祥之鸟，古代有的帝王，如少昊、周成王即位时，据说都曾有凤凰飞来庆贺，此即是有凤来仪。

■ 凤凰纹饰图

楚人有崇凤的传统。屈原在《离骚》中写到神游天国部分时，说：

> 吾令凤鸟飞腾兮，继之以日夜；
> 飘风屯其相离兮，帅云霓而来御。

《白虎通》79年，东汉朝廷召开白虎观会议，由太常、将、大夫、博士、议郎、郎官及诸生、诸儒陈述见解，"讲议五经异同"，意图弥合今、古文经学异同。汉章帝亲自裁决其经义奏议，会议的成果由班固亲自写成了《白虎通义》一书，简称《白虎通》。

先秦时期典籍中，多有楚人将凤比作杰出人物的记载，如《论语·微子》中，楚狂人接舆就对孔子作歌写道："凤兮凤兮！何德之衰？往者不可谏，来者犹可追。"

楚人的祖先祝融就是凤鸟的化身。

《白虎通·五竹篇》说祝融"其精为鸟，离为鸾。"鸾便是凤。故楚人对凤总存在着一种深厚的感情。他们尤其喜欢以凤喻人。

"凤"之前用"九"来修饰，并非确指，九，在我国古代是个神秘的数字，天高说九重，地深说九泉，疆域广说九域，数量大说九钧，时间长说九天九夜……

在讲究阴阳和合的古代我国，九是阳数，寓吉祥神圣意味。

在楚文化中，崇"九"传统也很明显。屈原的十分有名的系列作品，就叫作《九歌》。屈原还有一个作品叫《九章》，他的学生宋玉则有《九辩》。

《楚辞》中许多地方用到"九"字、如九天、九畹、九州、九疑、九坑、九河、九重、九子、九则、九首、九衢、九合、九折、九年、九逝、九关、九千、九侯等；连帝颛顼的后宫，也是"九嫔"。

可见"九"在楚地信仰中影响之大。

在楚人的心目中，他们与凤实际上是合而为一的。他们着意标榜凤，把凤打扮得异乎寻常地美丽和壮观，就是在标树自身的风貌与形象。凤是至真至善至美的体现。

为此，楚人尊凤爱凤以凤为图腾，视凤为先祖的象征，民族和国家的象征。这就是楚人尊凤爱凤的思想基础。

九州 "九州"是我国的别称之一。古代人将全国划分为九个区域，即所谓的"九州"。根据《尚书》中的《夏书·禹贡》记载，大禹的时候，天下分为九州，分别为徐州、冀州、兖州、青州、扬州、荆州、梁州、雍州、豫州。其中豫州是中心，其他州环绕豫州。

阅读链接

楚国从君王、士大夫到平民百姓，对凤凰的热爱与崇敬，达到了无出其右的程度。在政治、经济、文化领域和人们的日常生活中，都无不展现出绚丽多姿的凤凰倩影。

所以有学者说，凤凰贯穿了楚文化发展的始终，楚文化也可称为"凤凰文化"，荆州是楚文化之都，也可以说是凤凰的故乡。

巫风盛行重视祭祀的楚国

　　古代楚国巫风盛行，楚人对山川、天地、神灵非常崇敬，有许多祭祀礼仪。

　　在楚人的想象中，人与天地、山川、神灵之间，乃至生者与死者之间，都有着某种不难洞悉而又不可思议的联系。楚人的祭祀，便是

■古代拜祭图

这种联系的一种表现方式。而山川、神灵和祖先，则构成了楚人祭祀对象的三维体系。

祭祀山川，在先秦时期被称为"望祭"或"望祀"。值得人们注意的是，楚人往往把山与川分开来祭祀。

文献还表明，春秋以至战国中期，若祭祀在本国境内举行，楚人通常只祭本土的大川，绝少祭名山，这在先秦诸族中是独一无二的。祭川，是楚人决定重大事情的一种十分神圣的活动。

■ 火神祝融画像

楚人之所以产生这种重川轻山的观念，大概与他们成长壮大的经历有关。楚人立国于丹、淅交会之处，崛起于江、汉、睢、漳之间，鼎盛时足迹遍布湘、资、沅、澧等水域。

于是，楚人便从现实生活中产生了这么一种朦胧的意识：民族的勃兴和国力的强盛无不深深受益于江河，特别是江、汉、睢、漳四条大川。但是，对于山，楚人则没有这么虔诚的感情了。

楚人甚至认为，崇山峻岭束缚了他们的手脚，遮挡了他们的视野。他们果敢地从荆睢山地冲向江汉平

先秦 指秦代以前的历史时代，起自远古人类产生时期，至公元前221年，秦始皇灭六国为止。这一时期祖先创造了光辉灿烂的历史文明，其中夏商的甲骨文、殷商的青铜器，是人类文明的历史标志。在春秋战国时期更是出现了百家争鸣的繁荣局面。

■ 祝融庙

原，正是为了摆脱大山的束缚。

及至战国晚期，随着民族融合进程的加快，楚人的祭祀观念较之以前有了较大改变，楚人在本土祭祀本国之山也渐成定制。

祭祀神灵，而楚人所祀之神是动态发展的，随着时间推移，诸神的队伍日渐扩大，其地位也相应发生变化。

早期的楚人崇奉的神祇最主要的是日神兼农神炎帝和火神兼雷神祝融。祝融是高辛氏的火正。火正，生为火官之长，死为火官之神。祝融还是雷神。

在《楚辞》中，雷神是丰隆，号为云中君。相比而言，日神炎帝的地位则较祝融更高。楚人的信仰受到众多因素的影响。

随着时代的演进，楚国政治实力的增强，为适应新的环境，迎合新潮流，楚人所祀群神的成分也发生了变化。

至战国时期，由于君主专制的加强和天文知识的增进，出现了一位全天最尊的"上皇""太乙"或"太一"，因其祠在东，又称"东皇太一"。由于楚人和华夏认同，颛顼就成了至尊的古帝之一。

东皇太一 简称"太一"，又称"太乙"，有些文献中写作"泰一"。先秦楚国神话中的最高位大神。屈原所著《东皇太一》被编入《楚辞·九歌》中。一说东皇太一即为太阳神东君，也有称东皇太一为天君、天帝、昊天上帝，也有说东皇太一为北极星神之。

对太一和颛顼的信仰，主要存在于贵族等级和知识阶层中。一般的楚人对太一似乎还较为陌生，他们奉祀的对象，首先是与炎帝并驾齐驱的日神东君和雷神云中君。

在下层人民的心目中，地位稍低于日神东君和雷神云中君的是司命。司命掌寿夭，楚人由此特别敬畏，唯恐祭祀不周。

除了东皇太一、东君、云中君和司命外，楚人祭祀的神还有不少。

若以这些神的早期归属来分，大致可划为如下三类：即楚人之神、北方诸夏之神和南方夷越之神。所谓楚人之神，主要有风伯、雨师、羲和、望舒、山鬼、厉神、土伯即冥府之主。凡此诸神，都见于《楚辞》之中。

楚国政治实力的强大和疆域的扩展，使得楚人除信奉民族之神外，还信奉高辛、轩辕、海若、河伯、宓妃等北方诸夏之神及湘君、湘夫人等南方夷越之神。

楚人将形形色色的鬼神兼容并包于自己的意识之中，来者不拒，蓄以备用，正是楚人"抚有蛮夷""以属诸夏"的民族思

羲和 传说她是东夷人祖先帝俊的妻子，与帝俊生了十个儿子，都是太阳，住在东方大海的扶桑树上，轮流在天上值日。羲和也是她儿子们的车夫。羲和掌握着时间的节奏，每天由东向西，驱使着太阳前进。因为有着这样不同寻常的本领，所以在上古时代，羲和又成了制定时历的人。

■古版《楚辞》

■ 古代岩画上的巫师形象

荆楚文化特色与形态

祝融 本名重黎，以火施化，后尊为火神。他的居所是南方的尽头衡山，是他传下火种，教人类使用火的方法。祝融死后，葬在南岳衡山之阳。后人为了纪念他，就把南岳最高峰称为祝融峰。祝融的后裔分为八姓即己、董、彭、秃、妘、曹、斟、芈等，史书称为"祝融八姓"。

想的真切体现。可以这么说，楚人在振兴邦国的艰苦历程中，实现了与异族文化教育的交融互摄，从而也形成了多元的宗教信仰。

念祖之情尤炽的楚人，对祖先奉祀唯谨，认为忘祖废祀，罪莫大焉。楚人供奉祝融和鬻熊的心态，就是绝好的例证。

楚人是祝融的后裔。在楚人心目中，祝融不只是能"昭显天地之光明"的火神兼雷神，更是他们的始祖，所以要世世代代祭祀他。

祝融受到人们如此尊崇是不难理解的，因为他是楚人公认的始祖。但是，鬻熊在楚人的祭坛上又为什么会有这么高的地位呢？这恐怕是由于鬻熊不仅是楚人第一位行政首领有爵位的酋长，而且还曾任过周文王的重臣。

祝融和鬻熊，一个是楚人的第一位祖先；一个是楚人的第一位有周朝封号的首脑，他们理所当然地该受到顶礼膜拜。

除了祝融和鬻熊外，楚人还祭祀其他的先王。楚人把宗庙看得同社稷一样重要，当视他们祖先崇拜观念在现实生活中的折射。

总之，从历史上来看，三峡地区自古就有崇尚巫术占卜的传统，其中，尤以巫山、楚地为主。这里巫风弥漫，历来就有"信鬼巫、重人祠"的习气风俗。

在民间，人们的大小事情都离不开巫术占卜活动。无论是造屋铺桥，还是修堤筑坝，先民们往往都习惯于求神问佛，占卜问卦。甚至连生老病死，丧葬嫁娶，也都离不开巫师鬼神的指引和帮助。

巫文化不仅反映了先民的思维方式、情感诉求，还间接地反映了远古的经济生产力水平，作为一种精神现象的载体，它还开创了三峡流域后来的文明和群族文化。

总之，巫文化是上古时期人类在繁衍生息、推进社会发展中，创造的一种适应自然，改造自然的原始文化，它也是人们对万物有灵崇拜时期的文化的通称，是人类远古的文化。

巫文化融汇了天文地理，人文数理、医卜星相、五行八卦，祭礼娱乐的总和，它诠释了我国传统的道、哲、理、文、联姻，并渗透影响了阴阳学说、庄老思想、屈原诗歌、孔丘仁义。它构成了华夏民族多元文化的重要组成部分，极大地丰富了华夏民族文学艺术宝库、宗教哲学、科学技术，推动了中华文化的成长。

阅读链接

巫，上古已有此字。在甲骨文、金文都有"巫"字。它应当是我国先民最早创造的一批文字。我国上古创字是有规律的。先民把工和两个"人"字组合在一起，自有其用意。

工的原始意义至少有两点：一是巧饰；二是曲尺。工，借用古代文学家对"工"字的解释，上下两横分别代表天地。巫则是由两个人在其中。

我国古代创字规律，音义有微妙的联系。巫与乌、呜、污、诬、误、恶、雾、勿、忤、芜同声，大多是些晦暗之词。此外，巫与舞在读音上都是一声之转，这可能与巫的动作有关。巫最初的印象是手舞足蹈。

楚文化的精髓老庄哲学

在多元一体的中华文化中，荆楚文化自春秋战国时期起，便放射出璀璨夺目的光芒。

从主张"天生烝民，有物有则"的尹吉甫，到主张"先成民而后致力于神"的季梁；从帮助越王勾践"施民所善、去民所

■老子 本名李耳，是我国古代伟大的哲学家和思想家、道家学派创始人，被唐朝帝王追认为李姓始祖。老子是世界文化名人，他存世有《道德经》，其作品的精华是朴素的辩证法，主张无为而治，其学说对我国哲学发展具有深刻影响。在道教中老子被尊为道祖。

恶"的文种，到"上下而求索"的屈原；从张扬"南方之强"的老庄，到两度做楚兰陵令而晚年退居兰陵从事著述的荀况等，一代代哲人的深沉睿智，使荆楚文化之树获得了丰厚的滋养。

荆楚文化所表现的思维方式，在中华文化中，也具有独特的性格魅力。

荆楚文化的哲学智慧首先体现在极大的包容性。出于史官的道家者流对楚文化的发展有深刻的影响，老庄哲学即其代表。

■竹简《道德经》

我国古代伟大的哲学家和思想家、道家学派创始人老子，被唐代帝王追认为李姓始祖。其所著《道德经》一书，仅5000余言，但文约义丰，博大精深，涵盖天地，包罗万象，历来被人们称为"哲理诗"。

庄子祖上系出楚国公族，后因吴起变法楚国发生内乱，先人避夷宗之罪迁至宋国蒙地，即今安徽省蒙城。庄子只做过地方漆园吏，因崇尚自由而不应同宗楚威王之聘。

他是老子思想的继承和发展者。

代表作品为《庄子》。《庄子》一书不仅思想丰富，是道家思想的集大成者，而且其作品想象奇特，

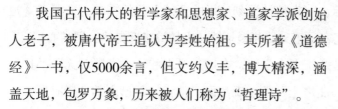

尹吉甫（前852年—前775年），是周宣王的大臣，官至内史。据说是《诗经》的主要采集者，军事家、诗人、哲学家，被尊称为"中华诗祖"。他辅助过三代帝王，晚年被驱逐回乡。

■庄子 名周，字子休，道家祖师，号南华真人，为道教四大真人之一，我国战国时期著名的思想家、哲学家、文学家，道家学说的主要创始人之一。庄子祖上系出楚国公族，后因吴起变法楚国发生内乱，先人避夷宗之罪迁至宋国蒙地。庄子生平只做过地方漆园吏，后世将他与老子并称为"老庄"。他们的哲学思想体系，被思想学术界尊为"老庄哲学"。代表作品为《庄子》其名篇为《逍遥游》、《齐物论》等。

文笔变化多端，并采用寓言故事形式，富有幽默讽刺的意味，对后世文学语言有很大影响。

对于庄子在我国文学史和思想史上的重大贡献，唐玄宗尊其为"南华真人"，因此《庄子》一书也被称为《南华真经》。

后世将老子与庄子并称为"老庄"。他们的哲学思想体系被思想学术界的人尊称为"老庄哲学"。

道家的平等、宽容精神深刻地影响了楚文化的精神。老子的《道德经》揭示了宽容是正义的前提条件，也是最接近自然法则的心态。

庄子反复措意于大小之辩，在通过对大和小、有限和无限的比较中，克服了"一曲之士"的主观片面。他肯定百家之学"皆有所长，时有所用"。这种包容的态度，成就了楚文化精神底蕴第一个特色。

荆楚哲学的第二个特色是重义理，善思辨。无论是先秦时的老庄学派，还是两汉荆州新学、南北朝时期至隋唐时期的湖北佛学，其学术特征均重哲理与思辨，具有较为突出的思辨性。

南北文化分野中，产生于江汉潇湘间以泽国为主要地理特征的道家学说，表现出了崇尚虚无，活泼进取，"大抵遗弃尘世，藐视宇宙，以自然为主，以谦逊为宗"的特征。

他们学"究天人之际"，深探"天地与我并生，万物与我齐一"的宇宙精神，体现了人与天、地、道同大的自觉意识，又具有齐同物我、平视神人的博大眼光。

因而有的学者将先秦时期道家视为"哲学的突破"代表，它所展示的正是楚文化精神的思辨特色。

作为楚文化精髓的道家哲学，它的思辨性还表现在对"有"与"无"这对哲学范畴的理解上。道家对短暂的"物"与永恒的"道"的分别，不仅为同时代的其他诸家所不及，而且可以与古希腊的哲学理论一比高低，它比柏拉图的理念世界与感性世界的区分，具有更高的抽象性与思辨性。

荆楚哲学的第三个特点是否定性。它的否定性表现为两个层次，第一个层次的否定，是对现存的、或

礼乐 西周时期，周天子分封天下，所分封的诸侯国林立，为维护其以周天子为中心的有秩序的统治，周武王之弟周公旦开始制礼作乐，即周礼。周礼作为各级贵族的政治和生活准则，成为维护宗法制度必不可少的工具。礼乐制度在这一时期得到非常完善的发展，奠定了我国传统文化的基调。

■《庄子》书影

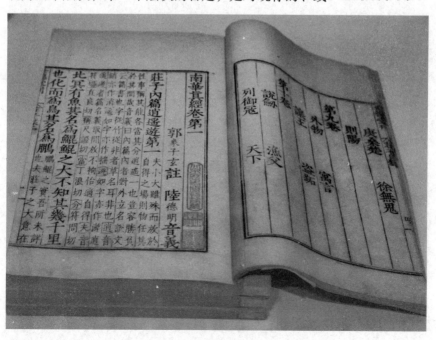

公认的规范的突破。

这以先秦时期道家对礼乐传统深刻的批判为代表。老子称礼为"忠信之薄而祸乱之首"，庄子也多方指斥仁义，摈弃礼乐，这与同时代诸子对传统的认同是大相径庭的。

当然，否定的理论，如果仅停留在口头上，徒然只有耸人耳目之效，是不足惊奇的，而实际方面的否定，则显示了某种文化自信的力量。

在对中原礼乐文化的态度方面，楚国文化既有对中原文化的本原无知，也有对中原主流文化的自觉对抗。在长期浸润中原礼乐文明的人看来，楚人不以为忤，而且不过是"南蛮鴂舌之人"。

楚人在政治生活中也自觉地打出"蛮夷主义"的旗帜，以"我蛮也，不以我国之号谥"来对抗周天子的责问。但这种敢于以自己的意志来否定中原礼法的束缚的行为，正表现了一种大胆突破、大胆否定的创新精神。

阅读链接

作为楚文化精髓的道家哲学，首先摆脱儒家社会哲学的进路，直接从天道运行的原理侧面切入，开展了以自然义、中性义为主的"道"的哲学。

道家重视人性的自由与解放。因为道家的社会哲学不以自己发展规格为主，而强调应对的智慧，因此利于人们休养生息的需求，故而让汉代初期的黄老之治有了实验的理论基础。

同时安定了千百年来我国士大夫失意于儒家本位的官场文化之后，也能有一广大的心性世界以顺遂人生。正因为如此，老庄的道家哲学与孔孟的儒家哲学共同构成了华夏民族的两大精神资源。

田园山水诗人之孟浩然

孟浩然，唐代大诗人，世称"孟襄阳"。为人少好节义，喜济人患难，工于诗，有"诗隐"之称。他与另一位山水田园诗人王维合称为"王孟"。

孟浩然出身于襄阳城中一个薄有恒产的书香之家，自幼苦学。年轻时隐居读书

■ 孟浩然（689年—740年），唐代诗人。襄州襄阳人，世称"孟襄阳"。浩然，少好节义，喜济人患难，工于诗。年四十游京师，唐玄宗诏咏其诗，至"不才明主弃"之语，玄宗谓："卿自不求仕，朕未尝弃卿，奈何诬我？"因放还未仕，后隐居鹿门山，著诗二百余首。

山寺鸣钟昼已昏，渔梁渡头争渡喧。人随沙岸向江村，余亦乘舟归鹿门。鹿门月照开烟树，忽到庞公栖隐处。岩扉松径长寂寥，惟有幽人自来去。

宣统庚戌九月郓城老人书于郡城菊波时年七十有二 孟浩然诗

于鹿门山。25岁至35岁，辞亲远行，漫游长江流域，广交朋友，干谒公卿名流，以求进身之机。

724年，因唐玄宗在洛阳，便往洛阳求仕，滞洛阳三年，一无所获。40岁时，游长安，应进士举不第。曾在太学赋诗，名动公卿，一座倾服，为之搁笔。

他和王维交谊甚笃。传说王维曾私邀入内署，适逢唐玄宗至，孟浩然惊避床下。

王维不敢隐瞒，据实奏闻，唐玄宗命出见。浩然自诵其诗，至"不才明主弃"之句，唐玄宗不悦，说道："卿不求仕，而朕未尝弃卿，奈何诬我！"

放归襄阳。后漫游吴越，穷极山水之胜。

734年，韩朝宗为襄州刺史，十分欣赏孟浩然，于是邀请他参加饮宴，并向朝廷推荐他，孟浩然因为与朋友喝酒而错过了与韩朝宗的约定。

737年，张九龄为荆州长史，招致幕府。不久，仍返故居。

孟浩然诗歌绝大部分为五言诗，题材不宽，多写山水田园和隐逸、行旅等内容。虽不无愤世嫉俗之作，但更多属于诗人的自我表现。

孟浩然诗不事雕饰，清淡简朴，感受亲切真实，生活气息浓厚，富有超妙自得之趣。如《秋登万山寄张五》、《过故人庄》、《春晓》等篇，淡而有味，浑然一体，韵致飘逸，意境清旷。

孟浩然诗以清旷冲澹为基调，但冲澹中有壮逸之气，如《望洞庭湖赠张丞相》"气蒸云梦泽，波撼岳阳城"一联，精力浑健，俯视一

瑰丽楚地

荆楚文化特色与形态

切。但这类诗在孟诗中不多见。

山寺钟鸣昼已昏，渔梁渡头争渡喧。

人随沙岸向江村，余亦乘舟归鹿门。

鹿门月照开烟树，忽到庞公栖隐处。

岩扉松径长寂寥，唯有幽人自来去。

这首《夜归鹿门歌》是唐代诗人孟浩然的代表作之一。此诗通过描写诗人夜归鹿门山的所见所闻所感，抒发了诗人的隐逸情怀。

整首诗按照时空顺序，分别写了江边和山中两个场景，上个场景着眼于钟鸣、争渡、向江村、归鹿门等人物的动态描绘。

下个场景侧重于月照、岩扉、松径等静态刻画，先动后静，以动衬静，写出鹿门清幽的景色，表现诗人恬静的心境，同时在清闲脱俗的隐逸情趣中也隐喻着孤寂无奈的情绪。全诗笔法顺畅，语言质朴，情感真挚感人。

孟浩然生当盛唐时期，早年有用世之志，但政治上困顿失意，以隐士终身。他是个洁身自好的人，不乐于趋承逢迎。他耿介不随的性格和清白高尚的情操，为同

■ 王维塑像

魅力展现

荆风楚韵

王昌龄（698年—756年），盛唐时期著名边塞诗人，后人誉为"七绝圣手"。早年贫贱，困于农耕，年近不惑，始中进士。初任秘书省校书郎，又中博学宏辞，授汜水尉，因事贬岭南。与李白、高适、王维、王之涣、岑参等交厚。开元末返长安，改授江宁丞。被谤谪龙标尉。其诗以七绝见长，尤以登第之前赴西北边塞所作边塞诗最著，有"诗家夫子王江宁"之誉。

时和后世所倾慕。

孟浩然同时代的王士源在《孟浩然集序》里，说他：

> 骨貌淑清，风神散朗；
>
> 救患释纷，以立义表；
>
> 灌蔬艺竹，以全高尚。

王维曾画他的像于郢州亭子里，题称"浩然亭"。后人因尊崇他，不愿直呼其名，改作"孟亭"，成为当地的名胜古迹。可见他在古代诗人中的盛名。

王维、李白、王昌龄都是他的好友，杜甫等人也与他关系甚好。

隐居本是那时代普遍的倾向，但在旁人仅仅是一个期望，至多也只是点暂时的调剂，或过期的赔偿，在孟浩然却是一个完完整整的事实。在构成这事实的复杂因素中家乡的历史地理背景，或许是很重要的一点。

孟浩然的诗已摆脱了唐代初期模式，咏物的狭窄境界，更多地抒写了个人的怀抱，给开元诗坛带来了新鲜气息，并得到时人的倾慕。

李白称颂他"高山安可仰，徒此揖清芬"；杜甫礼赞他"清诗句句尽堪传"。可见他在当时即享有盛名。他死后不到十年，诗集便两经编定，并送上秘府珍藏。

阅读链接

孟浩然诗作虽不如王诗境界广阔，但在艺术上有独特造诣，而且是继陶渊明、谢灵运、谢朓之后，开盛唐田园山水诗派之先声，对当时和后世都有很大的影响。

孟浩然山水诗的意境，以一种富于生机的恬静居多。但是他也能够以宏丽的文笔表现雄伟的江山。

陆羽著《茶经》与茶文化

我国是茶的故乡，也是茶文化的发源地。茶是中华民族的举国之饮，发于神农，兴于唐代，盛于宋代。我国茶文化糅合佛、儒、道诸派思想，独成一体，是我国文化中的一朵奇葩。

■陆羽品茶雕像

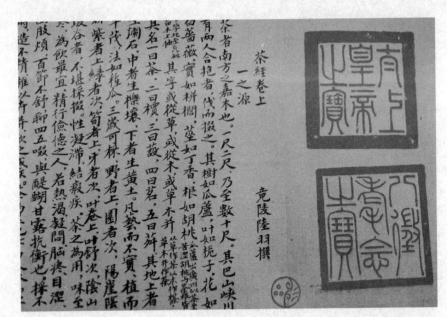

■ 陆羽撰写的《茶经》

《新唐书》 北
宋时期宋祁、欧
阳修等人编撰的
一部记载唐朝历
史的纪传体断代
史书。全书共有
225卷，其中包括
本纪10卷、志50
卷、表15卷、列
传150卷。首次
写出了《兵志》、
《选举志》。是
我国正史体裁史
书的一大开创，
为以后《宋史》
等所沿袭。其中
宋祁是湖北安
陆人，因名句
"红杏枝头春意
闹"，世称"红
杏尚书"。

茶文化包括茶叶品评技法、艺术操作手段的鉴赏、品茗美好环境的领略等整个品茶过程的美好意境。其过程体现形式和精神的相互统一，是饮茶活动过程中形成的文化现象。

茶文化的内涵其实就是我国文化的内涵的一种。我国素有礼仪之邦之称谓，茶文化的精神内涵即是通过沏茶、赏茶、闻茶、饮茶、品茶等习惯与中华的文化内涵和礼仪相结合形成的一种具有鲜明我国文化特征的一种文化现象。

在我国茶文化史上，对茶文化的形成起到巨大推波助澜作用的首推陆羽及其《茶经》。

陆羽，唐代复州竟陵，即湖北天门人。据《新唐书》和《唐才子传》记载，陆羽因其相貌丑陋而成为弃儿，不知其父母是何许人，后被龙盖寺住持僧智积禅师在竟陵西门外西湖之滨拾得并收养。

他自幼好学用功，学问渊博，诗文亦佳，而且为人清高，淡泊功名。陆羽21岁时决心写《茶经》，为此开始了对茶的游历考察，他一路风尘，饥食干粮，渴饮茶水。

经义阳、襄阳，往南漳，直至巫山，每到一处，即与当地村老讨论茶事，将各种茶叶制成各种标本，将途中所了解的茶的见闻轶事记下，作了大量的"茶记"。

经过10余年，实地考察32个州，陆羽最后隐居苕溪，即今浙江省湖州，开始对茶的研究著述，历时5年写成《茶经》初稿。以后5年又增补修订，这才正式定稿。此时陆羽已47岁，前后总共历时26年，才最终完成《茶经》。

《茶经》是世界上第一部茶学专著，是陆羽对人类的一大贡献。《茶经》仅有7000多字，但言简意赅，包涵丰富。全书共分三卷十节。其主要内容和结构有：一之源；二之具；三之造；四之器；五之煮；六之饮；七之事；八之出；九之略；十之图。

陆羽详细收集历代茶叶史料、记述亲身调查和实践的经验，对唐代及唐代以前的茶叶历史、产地、茶的功效、栽培、采制、煎煮、饮用的知识技术都作了阐述，是我国古代最完备的一部茶书，使茶叶生产从此有了比较完整的科学依据，对茶叶生产的发展起过积极的推动作用。

《茶经》一问世，就成为人所至爱，被盛赞为茶业的开创之功，

陆羽烹茶图

他因此被称为"茶圣"。陆羽声名远扬，朝廷有意留他在京为官，一度招拜为太子太师、太常寺太祝而不就，仍周游各地，推广茶艺，影响所及，茶事大盛。

唐代以前，茶的用途多在药用，仅少数地区以茶作饮料。自陆羽后，茶才成为我国民间的主要饮料，茶盛于唐代，饮茶之风普及于大江南北，饮茶品茗遂成为我国文化的一个重要组成部分。

陆羽非常重视茶的精神享受和道德规范，讲究饮茶用具、饮茶用水和煮茶艺术，并与儒、道、佛哲学思想交融，而逐渐进入人们的精神领域。

在一些士大夫和文人雅士的饮茶过程中，还创作了很多茶诗，仅在《全唐诗》中，流传至今的就有百余位诗人的400余首，从而奠定中华茶文化的基础。

阅读链接

以茶待客、以茶代酒，就是中华民族珍惜劳动成果、勤奋节俭的真实反映。

在我国，以茶字当头排列茶文化的社会功能有：以茶思源、以茶待客、以茶会友、以茶联谊、以茶廉政、以茶育人、以茶代酒、以茶健身、以茶入诗、以茶入艺、以茶入画、以茶起舞、以茶歌吟、以茶兴文、以茶作礼、以茶兴农、以茶促贸和以茶致富。

茶是我国人民的骄傲，代表民族的自尊、自信和自豪。饮茶可以思源。世界著名科技史学家李约瑟博士，将我国茶叶作为我国四大发明之后，对人类的第五个重大贡献。

毕昇发明活字印刷术

毕昇，我国古代伟大发明家。北宋时期淮南路蕲州蕲水县，即今湖北英山县人。他在唐代发明雕版印刷术的基础上，于宋仁宗庆历年间，创造了活字印刷术。

■毕昇塑像

这是我国对于世界文明的发展所做出的又一伟大贡献。

毕昇初为印刷铺工人，专事手工印刷。他在印刷实践中，深知雕版印刷的艰难，认真总结前人的经验，发明活字印刷术。

其方法，沈括在《梦溪笔谈》中有具体记载。其制作程序为：先用胶泥做成一个个规格统一的单字，用火烧硬，使其成为胶泥活字，然后把它们分类放在木格里，一般常用字备用几个至几十个，以备排版之需。

排版时，用一块带框的铁板作为底托，上面敷一层用松脂、蜡、纸灰混合制成的药剂，然后把需要的胶泥活字一个个从备用的木格里拣出来，排进框内，排满就成为一版，再用火烤。

等药剂稍熔化，用一块平板把字面压平，待药剂冷却凝固后，就成为版型。

印刷时只要在版型上刷上墨，敷上纸，加上一定压力就行。印完后，再用火把药剂烤化，轻轻一抖，胶泥活字便从铁板上脱落下来，这样下次又可再用。

关于毕昇发明活字印刷，有个十分有趣的故事。

■ 印刷用的泥字

瑰丽楚地

荆楚文化特色与形态

《梦溪笔谈》

北宋时期科学家沈括所著的笔记体著作。收录了沈括一生的所见所闻和见解。全书内容涉及非常广泛，被西方学者称为"中国古代的百科全书"。全书中属于人文科学的，约占总数的18%；自然科学方面，约占总数的36%，其余的则为人事资料、军事、法律及杂闻逸事等约占全书的46%。

说毕昇发明活字印刷后，师弟们禁不住啧啧赞叹。

一位小师弟说："《大藏经》5000多卷，雕了13万块木板，一间屋子都装不下，花了多少年心血！如果用师兄的办法，几个月就能完成。师兄，你是怎么想出这么巧妙的办法的？"

"是我的两个儿子教我的！"毕昇说。

"你儿子？怎么可能呢？他们只会'过家家'。"小师弟一脸的惊疑。

"你说对了！就靠这'过家家'。"毕昇笑着说，"去年清明前，我带着妻儿回乡祭祖。有一天，两个儿子玩过家家，用泥做成了锅、碗、桌、椅、猪、人，随心所欲地排来排去。我的眼前忽然一亮，当时我就想，我何不也来玩过家家：用泥刻成单字印章，不就可以随意排列，排成文章吗？哈哈！这不是儿子教我的吗？"师兄弟们听了，也哈哈大笑起来。

"但是这过家家，谁家孩子都玩过，师兄们都看过，为什么偏偏只有你发明了活字印刷呢？"还是那位小师弟问道。

好一会，师傅开了口："在你们师兄弟中，毕昇最有心。他早就在琢磨提高工效的新方法了！滴水石穿非一日之功啊！"

毕昇发明的活字印刷方法既简单灵活，又

《大藏经》 佛教典籍丛书，其编纂始于释迦牟尼涅槃不久，弟子们为保存他的说教，统一信徒见解和认识，通过会议方式的结集，形成一致公认的经、律、论内容。其后又增加了有关经、律、论的注释和疏解等"藏外典籍"，成为卷帙浩繁的四大部类。

■转轮排字盘

方便轻巧。而在此之前，只有摹印、拓印和雕版印刷，既笨重费力又耗料耗时，不仅存放不便，有错字又不易更正。

毕昇的胶泥活字印刷术发明之后，他毫不保留地传授给别人，于是很快就传遍大江南北；并且不久传到海外，首先传到朝鲜，称为"陶活字"。后来又由朝鲜传到日本、越南、菲律宾。

15世纪，活字板传到欧洲。1456年，德国的戈登堡用活字印《戈登堡圣经》，这是欧洲第一部活字印刷作品，比我国的活字印刷史晚了400年。

活字印刷术经过德国而迅速传到其他10多个国家，促使文艺复兴运动的到来。16世纪，活字印刷术传到非洲、美洲、俄国的莫斯科，19世纪传入澳洲。

毕昇活字印刷术的发明，是印刷史上的一次伟大革命，是我国古代四大发明之一，它为我国文化经济的发展开辟了广阔的道路，为推动各国文化的传播和世界文明的发展做出了重大贡献。

阅读链接

关于毕昇的籍贯，史书上没有交代，我们只知道毕昇死后，他制作的泥活字为沈括的侄子所收藏，从这一点我们推猜毕昇和沈家或者是亲戚，或者是近邻。

沈括是杭州人，毕昇可能也是杭州人。杭州是当时雕版印刷较为发达的地区，活字版在这里发明，也是可能的。

不过，1990年秋，湖北英山县草盘地镇五桂墩村睡狮山麓出土了一方毕昇的墓碑。经我国印刷技术协会、我国印刷博物馆筹委会、湖北省文管会等单位委托我国历史博物馆研究员、国家文物鉴定委员会的28名专家学者鉴定，确定为毕昇墓。由于古人特别讲究叶落归根，落葬之地一般都会选择故里，因此，现在一般认为毕昇为湖北英山人。

脱颖而出的文学才子

明清时期是湖北文学发展史上的一个辉煌时期，众多的鄂籍文学才子脱颖而出。其中，"公安派"是晚明文学中的重要流派。主要创始人是"三袁"，即袁宗道、袁宏道、袁中道三兄弟，皆为万历朝进士，因三人是湖北公安人而得名。

公安派的文学主张发端于袁宗道，袁宏道实为中坚，是实际上的领导人物，袁中道则进一步扩大了它的影响。这一派作者还有江盈

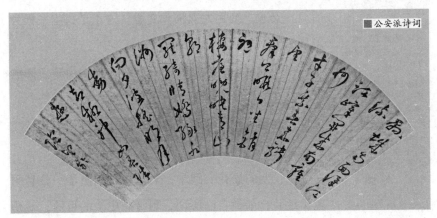

■公安派诗词

■ 正在创作的公安派文人蜡像

王世贞（1526年—1590年），明代文学家、史学家。"后七子"领袖之一。官至刑部尚书。好为古诗文，始与李攀龙共主文坛，李死后，独主文坛20年。一时士大夫及山人、词客、衲子、羽流，莫不奔走门下。

科、陶望龄、黄辉等。

《瓶史》一书是1599年春天袁宏道在北京写成的。袁宏道在《瓶史引》中写道："夫幽人韵士，屏绝声色，其嗜好不得不钟于山水花竹。"

他还说，高人隐士们住深山，濯清泉，与世无争，并以把世间一切的事物让于人为乐。他们的生活恬淡、安逸，绝无大祸临头之恐。这正是我生平极为羡慕的事。

在谈到自己喜欢插花的理由时。他说由于"邸居湫隘，迁徙无常，不得已乃以瓶贮花，随时插换"，况且，京城里种植有各种名花，取之方便，于是就成了"余案头物"了。

在长期的插花实践中，袁宏道总结出了一整套的宝贵经验，如他自己所说，写《瓶史》的目的，就是为了"与诸好事而贫者共焉。"

《瓶史》问世后，对我国后人影响之大自不必说，东邻日本也在1808年出过一本《瓶史国字解》，书中附有插花图谱280余幅。

公安派成员主要生活在万历时期。明代自弘治以来，文坛即为李梦阳、何景明为首的"前七子"及王世贞、李攀龙为首的"后七子"所把持。

他们倡言"文必秦汉，诗必盛唐""大历以后书勿读"的复古论调，影响极大，以致"天下推李、何、王、李为四大家，无不争效其体"。

其间虽有归有光等"唐宋派"作家起而抗争，但不足以矫正其流弊。

明代万历间李贽针锋相对提出"诗何必古选？文何必先秦"和"文章不可得而时势先后论也"的观点，振聋发聩，他和焦竑、徐渭等实际上成为公安派的先导。

他们所持的文学主张与前后七子拟古主义针锋相对，他们提出"世道既变，文亦因之"的文学发展观，又提出"性灵说"，要求作品"独抒性灵，不拘格套"，能直

■李贽（1527—1602年），明代官员、思想家、禅师、文学家，泰州学派的一代宗师。初姓林，名载贽，后改姓李，名贽，字宏甫，号卓吾，别号温陵居士、百泉居士等。在麻城讲学时，从者数千人，中杂妇女，。他在社会价值导向方面，批判重农抑商，扬商贾功绩，倡导功利价值，符合明中后期资本主义萌芽的发展要求。李贽著有《焚书》、《续焚书》、《藏书》等。

小品文 小品一词，来自佛学，本指的是佛经的节本。小品是相对于大品而言的，是篇幅上的区分，而不是题材或体裁的区分。小品一词后来运用到文学领域，同样也没有严格的明确的定义，凡是短篇杂记一类的文章，均可称之为"小品文"。

钟惺（1574年——1624年），明代文学家。1610年中进士，后任南京礼部仪制司郎中。其人严冷，不喜接俗客，由此得谢人事，研读史书。他倡导幽峭诗风，并且参以禅旨，莫测高深有"诗妖"之名。江南张泽、华淑，闽人蔡复一等，倾心附和把他奉为"深幽孤峭之宗"。

抒胸臆，不事雕琢。

他们的散文以清新活泼之笔，开拓了我国小品文的新领域。在晚明的诗歌、散文领域，以"公安派"的声势最为浩大。

公安派的文学主张主要是：反对抄袭，主张通变。公安派诸人猛烈抨击前后七子的句拟字摹、食古不化倾向，他们对文坛"剽窃成风，众口一响"的现象提出尖锐的批评，主张文学应随时代而发展变化。

独抒性灵，不拘格套。所谓"性灵"就是作家的个性表现和真情发露，接近于李贽的"童心说"。他们认为"出自性灵者为真诗""真者精诚之至。不精不诚，不能动人"，应当"言人之所欲言，言人之所不能言，言人之所不敢言"。

推重民歌小说，提倡通俗文学。公安派重视从民间文学中汲取营养，袁宏道曾自叙以《打枣竿》等民歌时调为诗，使他"诗眼大开，诗肠大阔，诗集大饶"。

竟陵派是与"公安派"同时出现的文学流派，创始人是竟陵即今湖北天门人钟惺、谭元春。

该派的文学见解与"公安派"基本相同，反对摹古，主张抒写灵性，不过竟陵派认为"公安派"作品俚俗、浮浅，因而倡导一种"幽深孤峭"风

■ 钟惺雕像

格加以匡救，主张文学创作应抒写"性灵"，反对拟古之风。

但他们所宣扬的"性灵"和公安派不同，所谓"性灵"是指学习古人诗词中的"精神"，这种"古人精神"，不过是"幽情单绪"和"孤行静寄"。

所倡导的"幽深孤峭"风格，指文风求新求奇，不同凡响，刻意追求字意深奥，由此形成竟陵派创作特点：刻意雕琢字句，求新求奇，语言佶屈，形成艰涩隐晦的风格。

竟陵派与公安派一样在明后期反拟古文风中有进步作用，对晚明及以后小品文大量产生有一定促进之功。然而他们的作品题材狭窄，语言艰涩，又束缚其创作的发展。

竟陵派谭元春塑像

阅读链接

由于竟陵派的出现是为矫正公安派的俚俗粗浅之弊，所以很容易让人造成竟陵与公安对立的误解。

其实，竟陵与公安的相同处还是占多数的。竟陵与公安的最大的区别在于他们对反对前后七子所采取的路径不同，出发点与目的还是一致的。

具有独特贡献的汉剧

　　明清时期，湖北地区的艺术以戏曲成就最高，其中又以汉剧及其对京剧的独特贡献最具有代表性。

■汉剧剧照

　　汉剧原名"楚调""楚腔"，又名"黄腔"，后称"汉调"。它是一种以"西皮""二黄"两大声腔系统为主体进行演唱的地方戏曲。源于湖北襄阳、江汉平原。

　　明代中叶以前，陕甘一带流行一种以当地民歌为基础，融

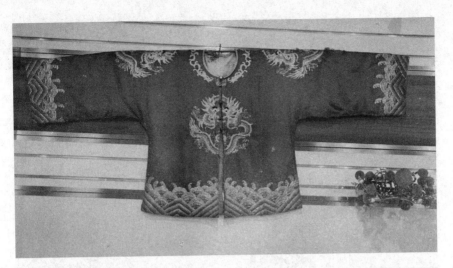

■ 汉剧服装道具

汇外来腔调的秦腔唱腔。

明末清初，秦腔经襄阳南传至江汉平原，与当地民间曲调结合，转化为一种新腔调，即"西皮"。"皮"即湖北土语指的唱词，"西皮"意即源于陕西的西调，其特点是既保持了秦腔高亢、劲悍的特色，又融入了当地民歌活泼、明快的内容。

在鄂北有"一清二黄三越调"的谚语，在鄂东又有"一清二弹"之说，人们有称汉剧为"乱弹"或"弹戏"。

文献记载中曾有"湖广调""黄腔""皮黄"等称谓。其主要声腔为西皮、二黄，在地方剧种中开创皮、簧合奏之先河，从而形成皮黄声腔系统。

汉剧流行于湖北境内的长江和汉水流域及其邻近的湖南、陕西、四川等省的部分地区。

二黄兴起于长江中下游，系由安徽安庆徽班二黄发展而来。传入湖北的四平腔吹腔，经湖北艺人加工发展而成。西皮是由传入鄂西北襄阳一带的山陕梆子

秦腔 我国最古老的戏剧之一，起于西周时期，成熟于秦代。流行于我国西北的陕西、甘肃、青海、宁夏、新疆等地，其中以宝鸡的西府秦腔口音最为古老，保留了较多古老发音。又因其以枣木梆子为击节乐器，所以又叫"梆子腔"。

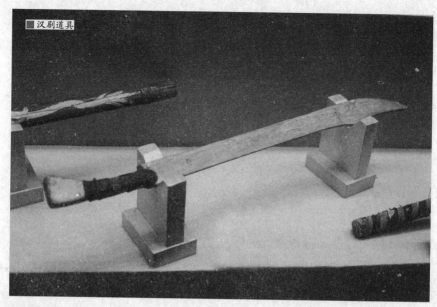

演变而来。

汉剧前身为楚调。清代中叶一些文献对此曾有记载。如乾隆年间的1785年吴太初所著《燕兰小普》中记有：

> 名伶时瑶卿"爱歌楚调一番新"。

楚伶王湘云擅长《卖饽饽》，唱荆江秧歌、沙湖绵阳小曲。清代人范锴在其《汉口丛谈》中也曾记载：

> 汉口楚调著名演员李翠官、隶荣庆部，擅长《贵妃醉酒》、《潘尼追舟》、《玉堂春》。

汉调西皮、二黄合流并用，是经过长期逐渐融合的过程。1850年刊印的叶调元所著《汉口竹枝词》中对这一融合曾有记载："曲中反调最凄凉，急是西皮缓二黄，倒板高提平板下，音须圆亮气须长。""汉口向有十余班，今止三部。"

上述描写的是叶调元重游汉口时的见闻。书中还记述了前辈演员与当时演员在艺术上继承关系，说：

> 小金当日姓名香，喉似笙箫舌似簧。
> 二十年来谁嗣响，风流不坠是胡郎。

从他的记述中可以看出，早在清代嘉庆末年，在汉口就有十余个唱汉调的戏班，他们既唱西皮，又唱二黄，既有正调，又有反调，已经是一个声腔完备的剧种。故汉调与皮黄在湖北的合流时间，应为清代嘉庆年间。

清代嘉庆、道光年间已有湖北汉调艺人米应先、余三胜、王洪贵、李六等先后赴京，搭春台、和春等徽班，以中州韵湖广音演唱皮簧，出现了"班曰徽班、调曰汉调"的局面。

根据在湖北发现汉调艺人米应先、余三胜等人的家谱等史料，证明当时北京的徽班，有的就曾以汉调艺人为骨干。

米应先就曾以演《战长沙》中关羽而名誉京师。余三胜，清代道光初年入京，曾掌管当时享誉京城的"四大徽

米应先（1780年—1832年），清代汉剧演员。初演汉调老生，唱做俱佳，家乡人呼之为"米戏官"。约于1812年至京师，搭四大徽班之一的春台班演出。演关羽戏，轰动北京。西皮、二黄由此在戏曲中大为风行。

■汉剧乐器

■ 汉剧《打渔杀家》剧照

瑰丽楚地

荆楚文化特色与形态

旦 本意为太阳从地平线上升起，指早晨太阳刚刚升起时候。而旦角表演的是女性，女属阴，故反名为"旦"。在戏曲表演行当中，指女角色之统称。源于歌舞、百戏。扮演者为妇女作戏剧性表演节目，当为旦的前身。分为正旦、花旦、闺门旦、武旦、老旦、彩旦。

班"之一的春台班多年。春台班当时也以汉调演员为台柱，以汉调皮黄为主要唱腔而蜚声梨园。

清代嘉庆、道光年间，湖北各城镇经济繁荣，商旅云集，会馆庙宇林立，戏楼遍布，汉调戏班、科班也随之兴起，为汉调的兴盛和发展提供了条件。

汉剧在湖北的发展史上曾依流行区域而划分为襄河、荆河、府河、汉河四支流派，湖北方言叫作"路子"。襄河路子以襄阳、樊城为中心，流行于光化、谷城、南漳、钟祥等地，以洪兴班最著名。

襄樊又是"襄阳调"即西皮腔的兴发之地；府河路子以安陆为中心，流行于随县、枣阳以南、黄陂、孝感以北各城镇，以安陆桂林班最为著名。

荆河路子以荆州、沙市为中心，流行于长江流域的荆河一线的宜昌、枝江、公安、石首、监利等地；

汉河路子分为上下两路。上路以汉口为中心，下路以黄冈、大冶为中心，流行于鄂城、浠水、蕲春、阳新、通山一带。

清代咸丰以后，受战乱影响，汉调曾一度衰落。同治、光绪年间汉口被辟为商埠后，汉调各路名演员、名教师又重新聚集于此，并举办了天、双、喜三届科班，培养出一批后来享誉剧坛的汉调著名演员。

如一末任天全、五丑汪天中、六外陈旺喜、七小黄双喜、八贴罗金喜、陶四喜、十杂王洪喜等。

汉剧与湖北清戏、湖北越调在民间素有"一清、二黄、三越调"之说。

其分行均为一末、二净、三生、四旦、五丑、六外、七小、八贴、九夫、十杂十大行当。末、丑、夫用本嗓；生以本嗓为主，并夹用边音；净、杂用边嗓；旦、小生用小嗓。

一末为老年生角，剧中多饰演年老的帝王、宰相、高官、学士、贤士、义仆等正面人物；二净为唱工花脸，剧中多饰演谏臣名将；三生为中年生角，重唱工，多扮演慷慨激昂、忠诚耿直的正面人物；四旦多饰演大家闺秀、中年妇女、皇后王妃和贞女烈妇；五丑应工剧目很宽，可扮演各种不同类型的角色，如老年的贫婆、幼稚的娃娃、昏聩的帝王、狡诈的小吏、耿直的老翁等；六外为重做工的生角，戏路较宽；七小包括文、武小生；八贴是以做工为主的花旦，多扮演年

■汉剧角色

净 即清洁干净，而净角都是大花脸，看起来很不干净，不干净的反面就是干净，因而名"净"。俗称花脸，大多是扮演性格、品质或相貌上有些特异的男性人物，化妆用脸谱，音色洪亮，风格粗犷。为以主唱工为主的大花脸，如包拯；以做工为主的二花脸，如曹操。

魅力展现

荆风楚韵

汉剧头饰

轻少女、风骚泼辣的少妇；九夫多扮演老年妇女，在表演风格上有贫富之分；十杂为做工花脸，多扮演勇猛憨直武将或飞扬跋扈的权臣。

腔调除了西皮、二黄外，罗罗腔也用得较多。伴奏乐器有胡琴、月琴、三弦、鼓板等。

板式有上、下调之分，上调多用于表现悲怆、凄凉、愤慨情绪；下调多表现舒畅、明快豪放情绪。

值得一提的是，汉调艺人们入京后，与徽班彼此影响，同时吸收昆腔、秦腔等剧种的曲调、表演方法等，逐渐形成了一种全新的剧种，人称"京戏"，这就是京剧的雏形。所以，有"梨园老伶念字多本楚音"的说法。当时有徽、京、汉三大流派。后来，湖北谭鑫培与王瑶卿一起对皮黄腔进行改革，使京剧最终成型。

148

瑰丽楚地

荆楚文化特色与形态

阅读链接

汉剧长于文戏，巴山气息浓郁，音调幽雅，唱腔婉转，道白柔和，语言风趣，表演细腻，纯朴大方，唱腔及念白巴山音韵很重，以川味见长。

汉剧传统剧目有660余个，多是历史演义故事和民间传说，如《英雄志》、《祭风台》、《李密降唐》等，以《宇宙锋》等剧的演出最为人称赏。

汉剧还有很多杂腔小调和丰富的曲牌。专唱曲牌的剧目有《大赐福》、《草场会》、《五才子》等。

地方戏曲奇葩的楚剧

　　湖北古称为"楚"，楚天楚地孕育了灿烂辉煌的楚文化，诞生了20多个地方戏曲剧种。在文化历史悠长的荆楚大地上，一直活跃着众多的艺术剧种，楚剧就是楚苑艺坛一枝独秀的奇葩。

　　楚剧旧称"哦呵腔""黄孝花鼓戏""西路花鼓戏"，清代道光年间鄂东流行的哦呵腔与武汉市黄陂区、孝感市一带的山歌、道情、竹马、高跷及民间说唱等融合，形成一个独立的地方声腔剧种。

　　其形成初期，只在农村元宵

楚剧《卖棉纱》剧照

竹枝词 竹枝词以吟咏风土为其主要特色，故与地域文化结下了不解之缘。它往往于世态民情中，洋溢着鲜活的文化个性和浓厚的乡土气息，这对于许多学科特别是社会文化史和历史人文地理等领域的研究，具有极为重要的史料价值。

节玩灯时演唱，故又俗称"灯戏"，后来逐渐出现农闲时演出的麦黄班和常年演出的四季班。

楚剧主要流行于武汉、孝感、鄂州，黄冈、荆州、咸宁、荆门，宜昌、黄石，随州十地市50余个区县。是湖北地区具有广泛影响的地方剧种。

楚剧的历史可追溯至清道光年间的1850年以前。1850年叶调元所著《汉口竹枝词》卷描述：

俗人偏自爱风情，浪语油腔最喜听；

土荡约看花鼓戏，开场总在两三更。

瑰丽楚地

荆楚文化特色与形态

■ 楚剧《卖棉纱》剧照

文中所提到的花鼓戏即为楚剧。

最早的戏班是光绪年间黄陂的艾九爹和黄陂横店张面糊筹组的两个戏班。当时的唱腔只有哦呵腔、悲腔、四平以及"思儿""探亲家"等小调。一个戏班七八个人，常演剧目也不多。

1900年，原在农村演出的戏班开始进入汉口附近的沙口、水口两镇，在茶园清唱，两年之后首先进入汉口德租界的清正茶园，开创了楚剧进入城市演出的历史。

楚剧腔调分为板腔、小调、高腔三部分，板腔包括迓腔、仙腔、应山腔、四平、十枝梅等。

小调《十绣调》、《麻城调》、《讨学钱》、《卖棉纱》等曲牌，高腔《锁南枝》、《梧桐雨》、《山坡羊》等曲牌。

楚剧的伴奏乐器主要有胡琴、京二胡、二胡、三弦、板鼓、钹、大小锣等。

楚剧的角色主要分为生、旦、丑三类，其他行当也由生、旦、丑演员兼演。楚剧表演讲究贴切自然，运用程式手段不拘一格。

迓腔是楚剧的主腔，分男迓腔、女迓腔、悲迓腔、西皮迓腔四种。

其中，男腔粗犷简朴，女腔委婉柔和，悲腔深沉哀怨，西皮腔质朴刚劲。迓腔节奏灵活多变，既可叙事，又能抒情，运用广泛，表现力强。

悲腔只有女腔，为宫徵交替调式。其曲调凄楚婉转，长于表现悲伤凄凉的情感。仙腔为徵、商交替调式，其曲调或委婉凄楚、如泣如诉，或激烈奔放、悲情满怀，擅长表达激昂悲愤的情绪。

■ 楚剧《卖棉纱》剧照

丑 我国戏曲表演主要行当之一。俗称小花脸、三花脸。可分为文丑、武丑两大支系。文丑中又有袍带丑、方巾丑、褶子丑、茶花丑、老丑等。丑可以说是戏剧脚色之祖。流传到后世，丑在戏曲团体中的位置最高。戏曲界就有一句称赞丑行的谚语："无丑不成戏"。

早期演出仅为一旦一丑，以后出现小生和胡子生，进入汉口演出后行当角色开始增加，出现正旦、小旦、花旦、老旦、窑旦、小生、老生、丑、花脸诸行当。

楚剧贴近生活紧跟时代，在各个不同历史时期都创作演出了歌颂正义、抨击邪恶的新剧目。故而为广大群众喜闻乐见。

湖北渔鼓，原称"沔阳渔鼓"，与楚剧、汉剧、花鼓戏合为湖北四大曲种，是湖北流行最广、群众熟悉和喜爱的曲艺走唱形式。

湖北曾有麻城渔鼓、长阳渔鼓、襄阳渔鼓、沔阳渔鼓等，自清末以来，多已衰微，唯鄂中的沔阳渔鼓，职业艺人代代相传，并有丰富的传统曲目和唱腔。

湖北渔鼓是说唱相间的曲艺形式。说的部分有散白、韵白之分。散白叙述故事情节，或模拟人物的声态语气；韵白有叙述及代言两种，讲究抑扬顿挫，伴以云板击节。

唱腔曲调主要由沔阳一带的《打麦歌》、《薅草锣鼓》等民歌曲调脱胎而来。

结合当地方言韵调，具有节奏明快、曲调高亢的特点。给听众留下了深刻的印象，在我国民间艺术史上颇负盛名。

阅读链接

楚剧的表演艺术是在对子戏的基础上，吸收京剧、汉剧的表演艺术，经过长期的演唱过程逐步发展而成，在角色行当上并无严格的区分。

楚剧具有题材广泛，通俗易懂，生动活泼，乡土气息浓厚的特点，颇具包容性，能吸收京、汉大戏的剧目，表现手段丰富多样。